JN151341

泣いて笑って、生きていく

こころのことば

けん三（下田 憲）

まえがきにかえて

いまこの瞬間、かけがえのない想いをつむぎたい

モーツァルトの「レクイエム」という未完の曲があります。未完成だけれど、とてもすばらしい曲です。その後、何人もの作曲家が続きを書きましたが、結局あまりよくなくて、未完のままの方がすばらしいという曲です。

今は、音楽をパソコンなどで演奏できて、聴くこともできます。でも、実際に生のオーケストラでこの曲を聞いたときの感動に勝るものはありません。あくまでも、パソコンなどで聞く音楽はバーチャルであって、その曲を知ることはできても、本物に触れて感動する心を培うことはできないのです。

同じことが絵画でもいえます。

たとえば、ゴッホの「ひまわり」。私は、現存する「ひまわり」のうち、5点ほどを実際に自分の目で見たことがあります。どれも、パソコンや本で調べればそれぞれの

「ひまわり」を見ることができますよね。ただ、画面でそれを見ても、本物を目にして感動するような心は生まれないし、情報や知識を得ることはできても、実物を見ない限り、感性は養われないものなのです。

私の講演では、「ことば（詩）」のプリントもみなさんに渡していますが、舞台で現物の手書きの「ことば」を見せながら話をする理由は、そこにあります。

スクリーンで大きく映して見せることもできますが、そうすると、みなさん、スクリーンを見て、すぐに手元の資料に目を落としてしまうのです。でも、生の「ことば」を見せると、ずっとこちらを見ながら私の話を聞いてくれるのです。演壇の「ことば」を見ながら、話す私自身を見てくれるのです。

生の「ことば」と、生の私。人間を感じてくれているのですね。

講演で演奏するアコーディオンも同じです。

アコーディオンも、演奏する人によって音色が変わるのです。

アコーディオンは、ひとりで比較的容易に持ち運びできる楽器のなかでは一番音量の大きなものです。電子楽器は、ホールの隅々まで良質の音を響かせることは難しいようなのですが、生の楽器はそれができるのです。

私は、講演当日、会場で皆さんの顔を見てから、どんなお話をしようかと考えて、話し始めます。話も、書も、アコーディオンも、あくまでも生で見て、聞いて、感じてもらいたい。だから、あえて生の心、生のことば、生の楽器でアナログの講演をさせていただいています。

そして講演のたびに、何かを感じ取ってもらえると、うれしいなと思っています。

本書では、講演でお話しする「ことば」を中心に、読者のみなさんと共に感動しながら、いまこの瞬間のかけがえのない想いをつむぎ出せたらと思いました。

ひとつひとつの「ことば」と心が、みなさんの胸に深く染みとおってくれることを願っています。

第2部　私のなかの歴史　ことばで癒やす

第1部
こころのことば

さあきょうも
泣いて
笑って

あるいてゆこう
生きよ
生きよの
こえがきこえる

けんじ

たくさん泣いて笑って、感動して生きていこう

日々、感動していますか。

「泣いて笑って、あるいていこう」というのは、感動する心を忘れないで生きていこう、ということです。

泣きもしない、笑いもしない人生ではなく、生身だからこそ、喜びや悲しみを感じて生きていけば、「生きよ、生きよ」の声は、おのずと聴こえてくると思うのです。

人は、悲しくて悔しくて泣くこともありますし、喜びで泣くこともあります。あまりにつらくて笑いが出てくることだってありますよね。たとえ、つらくても、泣いたり、笑ったりできることはすばらしいことです。

いまは、喜びや悲しみを感じながら生きることが少なくなりつつある世の中ですから、いろんなことに感動しながら生きていくことが大事なのです。だから、自分一人だけが感動していたら変なんじゃないかなんて思わないでください。日々、何かを感じ取り、その気持ちを素直に周りに表現しながら生きていくうちに、〝特別な何か〟を

見つけ出せるかもしれません。

与えられるのを待つのではなく、自分で見出すことが大事です。

反対に、日々の仕事が作業になり、漫然と無感動に過ごしていると、だんだん生きている実感がなくなってきます。ただ毎日ご飯を食べ、仕事から帰ったらお風呂に入って寝る。そんなことの繰り返しだったら、いったい何のために自分は生きているのだろうかと感じてくるのです。

活き活きと前向きに歩いていく限り、何歳になっても青春といえるのです。たとえ明日死んでも、青春であり続けることはできます。私は講演会で、しばしば「青い山脈」をアコーディオンで伴奏します。この歌を歌うと皆さん、生きる力がわいてくるようですから。

うんと泣いて笑うことは、恥ずかしことじゃないのです。いつも何かに感動しながら歩いてください。きっと、何ものにも奪われない、そして人まねではない、あなた自身のすてきな人生が見えてきますよ。生きることも老いることも病むことも、決してマイナスではなく、人生を深める大切な糧となり、あなたの道は「生きよ、生きよ」の声に満たされていくと思います。

病が有ても
豊かな人生

病《やまい》が有るから
素敵な人生
けん三

病を人生の大切なものとして生きていく

病気をしたことがないという方は、ほとんどいません。私は、病がある人を診る職業なので、難病やがんなど、いろんな病の患者さんに出会います。最初からこんなこと訊いたら怒られますから、いきなりは訊きませんが、気持ちが通じ合ったかなと思う頃に「病気してよかったことはなんですか」と訊くことがあります。すると、一番多い答えは「人生が深くなった」と。病気を知ってから、しっかりと自分を見つめなおすようになったというのです。

そして、二番目は「人の痛みが分かるようになった」。これってすてきだと思いませんか。人間というのは日々の出来事に流されて生きていることが多いものです。でも、重い病を得たときに、はじめて自分の人生を振り返り、「これからどうしよう」と見つめ始めるのですね。

人生を深く見つめ、掘り下げてみるようになると、周りの人の人生も深くとらえてみるようになり、人との交わりが深くなります。自分と同じように病む人の痛みが分かってくるのです。それまで見つけられなかったすばらしいものに気付くことは、あなたの心の財産になります。

「生老病死《しょうろう》」は仏教の言葉で「四苦」といいます。「生きることが苦」「老いることが苦」「病にかかることが苦」「死ぬことが苦」であるということ。これに「八苦」を加えると「四苦八苦」。でも、この「苦」を「楽」に変えることができると、「四苦」が「四楽」に変わります。受け止め方次第で「生老病死」は、苦しいことばかりではなくなるということです。

この世に生まれたら、病は避けられないものとされますが、それも人生の大切な一ページ。自分は病気にならないと思っていても、身体が年々老いていく以上、病はほとんどの人に訪れます。でも病になることで、心も身体も人生の大切なものだと気付く人もいます。

病を得たことで、生かされている喜びに目ざめた方たちを多く見てきました。

病を悪い面だけじゃなく、生きるうえでのかけがえのない要素として大切にできると、人生は豊かになり、すてきなものに変わるのです。当たり前の日常をしっかり味わい、大切に思えるようになります。

苦労知らずの
人生なんて
味けないかも
知れません

悩む事無い
人生なんて
不幸なのかも
知れません

けんじ

苦労が他の悲しみに共感できる力を生む

病気も悩みもない方がいいですよね。誰もがそう思います。

でも、そんなつらい経験も、生きる力に変えることができるのですよ。

ある時まで、自分はこの世に生まれた意味があったのだろうかと、思い続けていました。だから周りに抗い、もがきながら生きてきました。九州で育った私が北海道まで来た一番大きな理由は、九州の地に良い思い出がなかったから。できるだけ九州から遠いところにと思って探したら、北海道大学に行き着いたのです。

でも医者となってから、患者さんが悲しみの涙を流したときに、一緒に涙を流している自分がいることに気付きました。冷静であるべき医者としては失格なのでしょうけど、自分が悲しく、苦しく、惨めな思いをいっぱいして生きてきたから、共感できるのだと気付きました。そして、幼いころからのすべての出来事を価値あるものに感じられるようになってきたのです。

他人とまったく同じ経験はできないけれど、自分が経験した苦しさや、痛みを思い起こして、目の前の人も同じように苦しいんだろうな、痛いんだろうな、切ないんだろうなと思い、心を寄せることができるようになったのです。

私は、2016年8月の大洪水で被災しました。災害の復旧は、あれもダメ、これもダメになってしまったという諦めの作業の連続です。ある家のお母さんは、持ち出せたのは子どもの写真とへその緒だけでした。また、夫を看取ったばかりのおばあちゃんは、仏壇も水没しちゃったので、お寺に位牌を預けているといいます。

本当に切ないのです。お金では買えない大切なものを失ったことを認めながら進める作業というのは、人間の肉体と心をすごくむしばんでいきます。

さらに、被災していない方たちとのギャップが、より心を苦しくします。周りは平穏に暮らしているのに、なぜ自分だけこんなにつらい思いをしないといけないのだろうと思ってしまうからです。

でもそんな時、人間は共感してもらえることで、被災した痛みも不安も半分になり、やがて生きる力がわいてきます。苦労や悩みを良い経験に変えて、他と心を寄り添わせることができるようになれば、人生には新たな価値が生まれてくるのです。

悲しみの
記憶は消える
ことはなくても
人はまた

笑顔で生きる
ことはできます
悲しみを
知ったかだけ
深い笑顔で

けん三

悲しみの記憶も笑顔に変えていける

11歳の子どもを亡くしたお母さんがいました。周りから励まされ、お姑さんも厳しい人だったので、しっかりしなければと、がんばっていたのだそうです。そのうちに、頭が重くなり、胸が苦しくなり、肩も痛くてめまいも襲いました。病院を何件も回りましたが、どこにも異常ありませんといわれ、最後に私のところにきました。話を聞いていると、お子さんを亡くしてからの3年間、一度も泣いたことがないと言うのです。

「我慢しないで泣いても良かったんだよ」というと、「え、泣いていいんですか」と。診察室でぼろぼろ泣き出して、ひとしきり泣き終わったら、頭がすっきりして、胸の苦しさや肩こりがなくなったのです。それから、その方は、笑顔を取り戻して、今は元気に過ごしています。

あとになってその方に、「先生もあの時、一緒に泣いてたんですよ」と言われました。私自身は覚えていないんですけど、同じ経験をしていなくても苦しんだ魂があると、誰かの苦しむ心に共感できるのでしょうね。

病気もそうです。今はだいぶ良くなりましたけど、私はリウマチとぜんそくをもっています。だから、痛みや苦しみをもつ人のつらさも分かります。

痛みのある人が一番つらいことはなんだか分かりますか。それは、痛んでいることを分かってもらえないことなのです。痛みの感じ方は一人一人違います。でも、痛みがあることを分かってくれて、「痛いんだね、つらいんだね」と心に寄り添ってくれる存在があれば、乗り越えられるものなのです。

時折、こう訊かれることがあります。「昔の幸せな自分に戻ることはできますか」「悲しみを忘れられますか」って。できません。だって、記憶は消しようがないのです。でも、笑顔を取り戻すことはできます。病が人生を深くするように、悲しみや苦しみの記憶も人生を深くし、昔よりもすてきな笑顔で生きていけるのです。

悲しみも苦しみも忘れようとするものではなく、受け流すものでもないのです。しっかりと自分のなかに受け入れて、その記憶も大切に歩いていくようになれば、それから先の道のりもいとおしく大切なものに変わっていきます。

だいじょうぶ
ひとりずつ
だいじにいのちを
生かされている

あなたの代わりは
どこにもいないけど
わたしの代わりも
どこにもいない

けんじ

自分を大切にできれば、愛すべきことが見えてくる

とても恐ろしいことなのですが、命を自由自在にできるという錯覚が徐々に子どもたちに生まれているようなのです。長崎県の小中学生を対象にした「生と死」についての調査で、15％以上が「死んだ人が生き返る」と回答し、その理由に「テレビや映画などで見た」「リセットできる」「心のなかで生きる」「生き返ることも可能」などとあります。

ここ十数年の、遺伝子の組み換えや再生医療の発達の報道により、命を自在に操れるという錯覚に陥っているのかもしれません。でも、これだけ生命科学が発達しても人類は未だに命のないところから生命をつくり出せません。アメーバやミジンコ1匹作り出せていない。本来、命あるものをつくり替えているだけです。

命の代わりはありません。命は一人一人に代わりのない、ただひとつのものとして与えられているのです。

社会的な役割からいえば、私の代わりはほかにいくらでもいます。アメリカ大統領ですら、もし突然いなくなったら大騒ぎになりますが、ほどなく次の体制ができるは

ずです。

でも、一人の人間としてのあなたの代わりは決していないし、つくり変えることもできません。そのことをしっかりと心に置いてほしいのです。

自分の代わりがいないということが分かると、あなたの隣にいる人の代わりもいないことに気が付きませんか。あなたの命を大切にすることが、そばにいる人を大切にすることにもつながります。一人一人がただひとつの命を生き、生かされていることに気付くことが大事です。

そこを取り違えると、「誰かを殺してみたい」とか、「一度死んでも生き返るから大丈夫」という大きな思い違いをしてしまうのです。

できることからで良いのですよ。今生きる意味を見出せない人も、他の役に立つことに取り組み、心を尽くせば、きっと生身での感動を味わうことができるようになります。同時に、自分の命がかけがえのないことにも気付くことでしょう。するとやがて、本当に大切なもの、本気で愛すべきことも、見えてくるようになるのではないでしょうか。

一人でも多くの人に、声をかけたいものですね。この世に命を与えられている「何ものにも代え難《がた》い私たち」なのだということを、実感しながら歩きましょうと。

嫌いって
顔をするから
相手も嫌な
顔をする

好きって顔をしてごらん
ほうら笑顔が
返って来るよ

けんじ

相手の目をきちんと見れば、心もそらさず生きていける

地元の小学校で、子どもたちに話をしてほしいと頼まれたときに生まれたことばです。

そのときの、子どもたちの反応や表情のすばらしいことといったら！

子どもたちに、隣の人同士で嫌いって顔をしてごらんと言うと、とてもいやな顔や怒りの表情をしてお互いに顔を背けます。そのあとに、好きって顔をしてごらんと言うと、とびっきり良い笑顔で見つめ合うのです。そして、みんな笑い転げていました。

これって実は、人としてとても大事なことなのです。子どもたちはいやな表情のときは顔を背け、好きな表情のときは、しっかりと互いを見つめ合っていました。誰に言われたのでもなく、子どもたちがちゃんと自然にやっていたのです。

皆さんは、気付かないうちに相手から目をそらして話をしていませんか。

たとえ相手に好意を持っていても、目をそらしてしまうと、知らないうちに逆のメッセージを与えてしまうことがあります。

好意をもっているときは、良い顔をして「あなたの事を大切に思っていますよ」と心をこめ、相手の目を見ながら話してみてください。

最近は悲しいことに、医療の世界でも似たようなことがあります。パソコン上のデータだけを見て診断してしまうと、患者さんは「自分のほうを見てもくれない、触ってもくれない」と感じるのです。そういうコミュニケーションのまずさで患者さんの不信感を招いている場合が、残念ながら医療の世界でもあります。

東洋医学では人間を目で診るのが一番の診断なので、診察室に入ってくるときから患者さんを診ています。どういう表情をして、どんな歩き方をしているのか。そして必ず脈をとり、顔を見て、お腹を触り、聴診器をあてて血圧を測ります。するとなかには、生まれて初めて医者に触ってもらったという若い人もいました。

日々の人間関係において、きちんとコミュニケーションをとるには、目を見て話すことがすごく大事なことだって分かりますよね。とにかく心で触れあって目をそらさないこと。心も身体も丸ごとその人だととらえれば、心もそらさないでいられるのです。

人は詐欺師でもない限り、目を見つめながら、うそはつけないものです。

がんばって
歩き続けて
疲れたんだね
貴方

休んだら良いよ
泣いたら良いよ
少しの間だけ

けんこ

少し休んで泣いたなら、また歩きだそう

これは、がんばりすぎないでくださいね、ということばです。疲れきっている人に、「もっと、がんばって」とは言わないでほしいのです。そういうことばに追いつめられて、殺される人がどれだけいることか。

この「がんばる」という言葉は日本にしかないようです。外国には「一生懸命やる」「ファイト」などの「全力を尽くす」ことを促す言葉はありますす。イスラム圏には「インシャラー（神様の思《おぼ》し召しなら）」という宗教用語があります。「この仕事を明日までに仕上げて」「インシャラー」というと結局、仕上がらない。神様の思し召しはなかったということ。「貸していたものを返して」「インシャラー」。だいたい戻ってきませんね。

つまり、日本で「がんばる」とは、多くの場合、結果を期待する、結果が伴わないといけないということです。一生懸命やっても要求されたものを達成できなかったら、がんばりが足りなかったから、次こそはがんばって、となってしまうのです。

日本で「がんばれ」という言葉が使われるのは、中国の読史管見《とくしかんけん》の「尽人事（而）

待天命」という故事成語からです。「人事を尽くせば、必ず天から報われる」。つまり、「結果が出なかったら、がんばったことにならない」とか、「がんばったなら、必ず結果がついてくる」との解釈です。

「而」の意味を「そして」と解釈していますが、正しくは、「そして、それにもかかわらず」。「人間はやれる限りを尽くす、でも結果は天が決めることだから、その結果に従う」という意味です。あくまでも結果を出さないといけないということではありません。

だから、精いっぱい努力して疲れている人がいたら、「よくがんばったね」と休ませてあげて、悲しいときには、泣いたって良いと伝えてほしいのです。ただし、それは少しの間だけ。しっかり休んで泣くことができたなら、人間って意外と少しの時間で立ち直れるものです。でも、がんばれって言われ続けたら、かえって立ち直れなくなってしまいます。

重い荷物を背負っていても、ちょっと下ろすと楽になります。よろめきながらずっと歩き続ける必要はないのですよと、休ませて、泣かせてあげられる存在になれたらいいですよね。あなたの生きる場もきっと、癒しあう場に変わることでしょう。

ひとつだけ
力《ちから》を与えて
いただけるなら
世の憎しみを

愛へと変える
そんな力を
私にください

けんじ

祈りはむなしいものではない、心から祈ろう

争いや戦争というのは本当にいやですよね。

憎しみの連鎖を生むだけで、決して平和につながらないことは分かっているはずなのです。それなのに未だになくならないのです。

憎しみを愛へ変えることができるなら、それだけで世界は変わりますが、これがなかなか難しいのです。

では、憎しみを愛に変える力をくださいと願いつつ私が何をやっているのかというと、それは毎日祈ること。私自身は特定の信仰は持っていませんが、神仏と呼ばれる存在は感じられるので、毎日ひたむきに祈ります。

「祈り」をむなしいと思う人がいるかもしれませんが、実は、祈りには力があるということが報告されているのです。

昔から、アメリカの有名大学で、祈りの力に関する研究がされています。病気や事故で意識がない人がどれだけ意識を取り戻すのか、がんの末期で苦しんでいる人がど

れだけ痛みに対して鎮痛薬を使わないですむのかなどということと、祈りの関係を調べたものです。

その結果は、その人のために真剣に祈ってくれる人の数と比例するというもの。祈ってくれる人は他人でもいいし、遠く離れた場所にいても有効だというのです。

これってすごいことですよね。祈りは届くし、力があるのです。

だから、祈ることは無意味なことじゃないと信じて祈り続けます。

そうすることで、同じように祈る人が、一人また一人と増えていけば、すこしずつ世界が変わっていってくれるかもしれないと思っているからです。私の話を聞いてくれた人が一人でも多く、今夜からでも祈ってくれれば、なにかがそこから広がっていくかもしれません。

世界中が、みんなで祈るようになったら、戦闘も殺し合いも、奪い合いもなくなります。そういう日がくればいいなと思って、いつもこのお話をしています。

憎しみが愛へと変わるだけで世界が変わるのです。実現したいものですね。

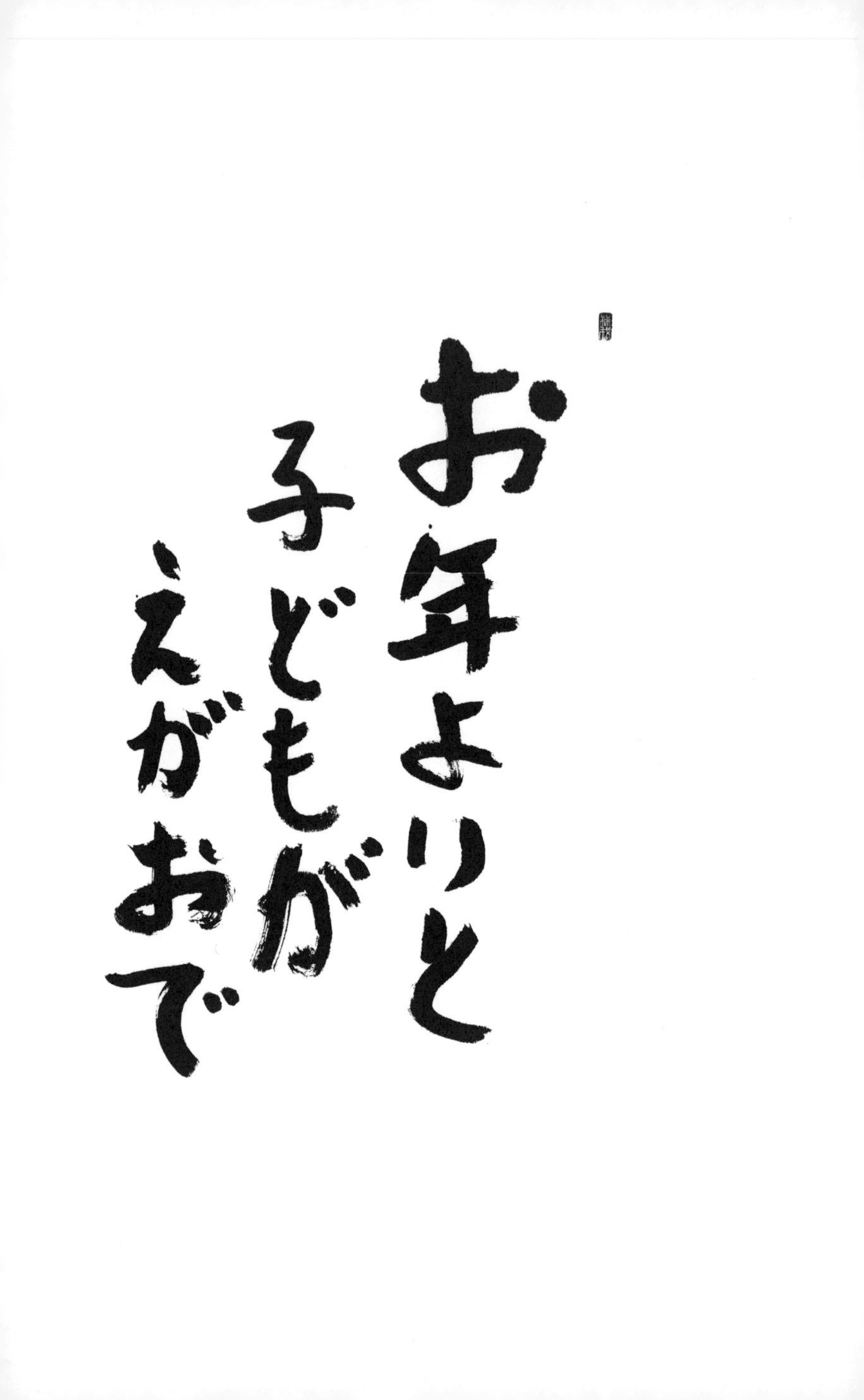

お年よりと
子どもが
えがおで

生きられる
そんなすてきな
世界を下さい

けんじ

与えられるのではなく、自分で行動してみる

これは、弱い立場の方が大切にされる世の中をひたむきに求めていく心です。お年寄りや子どもは、弱い立場、社会的弱者の代表です。さらに障がいを持つ人。非常時には、しばしば女性も同じ立場に置かれます。幸いなことに私たちの国は長い間、平和を享受していますが、過去には、こうした弱い立場の人たちが迫害され、苦しんだ時代もありましたね。

実は、弱い立場の人たちが、笑顔で生きていける社会こそ、健常者と呼ばれる人たちも安心して年を取れる、子どもや孫も育てやすい社会なのです。

ただ、そういった社会は、誰かが作ってくれるのを待っているのではなく、自分たちが行動しないとつかみとれないのです。

たとえ弱い立場の人たちであっても、自らの置かれた状況に甘んずることなく、社会を変えることをあきらめず行動できたなら、みんなが暮らしやすい新しい社会が生まれるのではないかと思いますよ。お仕着せや、与えられるものを待つのではなく、

自ら行動することが大事なのです。

たとえば、老人をまつりあげる「敬老の日」ではなく、老人が自ら動く「老人の日」があったらどうでしょう。彼らのもつ知識や深い経験が、もっと社会で活かされるかもしれません。

「子どもの日」も、単に子どもと遊んだりするだけでは、もったいないと思いませんか。大人にはない発想力と成長するエネルギーをもつ子どもと一緒に新しいことに取り組む日が、月に1日でもあったなら、ワクワクする何かが生まれそうです。

そして、障がいを持つ人たちも、それ故のすてきな感性を持っているのです。そんな彼らの素晴らしさを示し、能力が発揮される社会を作りたいものです。

こうした環境を整えるのは、健常者と呼ばれる人たち、そして地域で生きるすべての人たちの大切な役目なのでしょう。

老人と子どもが世代を超えて交流すると、より大きな力が生まれるともいわれています。

自分たちで社会をつくり育てていくのだという意識をもって、みんなで歩みたいものです。

どれだけ物を
蓄えたか
ではなく
どれだけ他に

尽くしたかで
人間の豊かさは
計られるんだ
なあ

けんじ

尽くし思いやる心は、お金や財産に代えがたいもの

ものはどれだけ蓄えても、火事や洪水にあえば、なくなってしまいます。でも、人に尽くすという行為は、盗まれたり、奪われたりしません。地位や名誉、お金、財産で人間をはかるのではなく、どれだけ周りに尽くしているかということが大事なのです。

20年ほど前に出会った、認知症の義母とお嫁さんの話です。

当時、精神医療の制度が変わり、軽い認知症や寝たきりというだけの高齢者は精神科の病院から自宅に戻す方針をとっていました。このおばあさんも自宅に帰り、お嫁さんが面倒を見ていました。この家には、嫁入り前の娘さんがいました。ところが家が火事になって、長年かけて少しずつ準備してきた嫁入り道具がすべて燃えてしまったのです。

そこで、お嫁さんは、自分がパートに出てもう一度、娘の嫁入り道具をそろえたいから、義母を病院に戻せないものかと、私のところに相談にきました。

でも私は、「人並みの嫁入り道具を持たせてあげたいけど、大切なおばあちゃんのお

世話があるから、おまえには申し訳ないけど、高価なものをもたせてあげられないの、ごめんね」と娘さんに説明をしてほしいと思いました。だって、どんなにすばらしい嫁入り道具でも、火事になったら消えてしまいます。だから、物には代えがたい、おばあさんという大切な人に心から尽くすという、かけがえのない思いを嫁入り道具として娘さんにも持たせてあげられたらいいなと思ったのです。

そういう思いは火事でも燃えないし、泥棒にも盗めないのですから。そう信じ私は、おばあさんを病院には戻せません、と伝えました。でも、残念ですが、分かってもらえませんでしたね。お嫁さんは私のところにはこなくなり、まもなくおばあさんは元の病院に戻りました。

物はどんなに蓄えてもなくなる場合があります。でも、人に尽くした心は、奪い取ることはできないし、むしろ分けあうことで愛情は増えていきます。たとえ尽くした相手に忘れられたとしても、自分の心のなかに温かな財産として残ります。かたちでは残らなくても。

この世にはそんなすてきな財産もあるということを感じながら生きていってほしいと思います。蓄えたいのは物ではなく、人に尽くす心ですね。

ひたむきに
歩けばいつか
光は見える

生きるもの生きろ
みな生きろ

けんじ

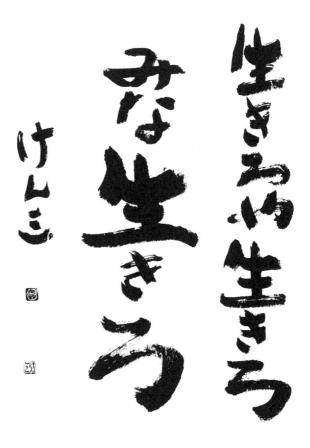

弱さをさらけ出し信じて歩けば、きっと光が見えてくる

ひたむきに生きていくということは、心をまっすぐに歩いていくということです。打算や計算にとらわれずに、心をそむけないで、ありのままに生きていくということです。そうすると、大切なものを見失うことはありません。

だからといって、がんばらなくてもいいのですよ。

弱いのなら弱さをさらけ出してもいいし、つらいなら泣いてもいいのです。

私自身、悩みながら医者を続けていても、ひたむきに歩けば、いつか必ず光は見えると信じている自分がどこかにいたから、この「ことば」を書きました。

走り出したくなるときは自らをいさめ、立ち止まってしまいそうなときは促し、ゆっくりと、でも、ひたむきに歩いてきました。闇の中で走れば、新たな傷を負います。でも立ち止まっていては永遠に光を見ることができないぞ、と己に言い聞かせながら……。

長い人生では、暗いトンネルに入ってしまうこともあります。先が見えないからと

立ち止まってしまう人もいますが、そうしたらどこにもいけませんし、トンネルからも抜け出せません。だからといって、走ってもいけないのです。暗闇の中で走ると壁にぶつかり、転んでけがをしたりしますからね。ゆっくりでいいのです。

少しずつ少しずつ、ひたむきに歩いていけば、必ずそれぞれの命を輝かせる光を感じる瞬間が訪れると思っています。

そんな光を感じられるようになると、その先に、生きることの喜びも見えてきます。最初は小さな喜びのはずです。時として見失いがちになりますが、あきらめずにずっと求め続けていくと、いずれ愛したいことも見えてくるのではないでしょうか。

まずそれを愛し、大切にすればいいのです。そして、出会わされるひとつひとつをしっかり胸に抱いて歩いていってほしいのです。

必ずや、「生きろ、生きろ」と優しく導いてくれる光を、力として感じられるようになりますよ。

その光が、自分だけを輝かせる光ではなく、この世のすべてを照らす光であって、本来私たちみなに与えられたはずの「愛する心と優しさ」を取り戻させてくれるものだったら、なんてすばらしいことでしょう。

大勢を
熱狂させる
いつわりが有る

たった一人に
灯りをともす
真実が有る

けんこ

少数のささやかな言葉にある真実を大切に

大勢を熱狂させ、大多数が良しとするものには、しばしば偽りもあります。その最たるものが、ナチスドイツです。国民を熱狂させ、国家を総動員し、ユダヤ人や同性愛者、エホバの証人などの大量虐殺につながっていきました。ヒトラーは当時、9割を超えるドイツ国民から圧倒的な支持を得ていたのです。

現代においても、なにか採決のときに、ほとんどの人がひとつの方向に流れ賛成するような国家は危ういと感じます。

昔、みんなが一斉に飛びついたものに、バナナダイエットブームがありましたね。バナナを食べてやせたご夫婦がいて、それをあるテレビ番組が取り上げたらスーパーからバナナがなくなっちゃったというもの。でもバナナダイエットをして逆に太ったという患者さんが私のところにもたくさんいました。

あやしい商品が多いものに健康食品もあります。良否を見極める参考にするといいのが、価格です。1日100円以上するものは疑ってみたほうがいいかもしれません。

毎日食べるもので1日100円以上使いますか。玉子1個だって100円もしません。でも、健康に良いといわれると、高くてもつい買っちゃうんですけどね。

みんなが良いというからとの理由だけで選ばないでほしいのです。冷静な目でみて判断すること。納得できないと思う人が自分だけであったとしても、あの裸の王様をみた子どものように、おかしいものはおかしいと正直に言っていいのです。

たった一人しか、自分だけしか感じないことには、なかなか自信がもてないものです。けれど、大勢の目をひきつけるその先に、何か不自然なものを感じるのかどうかが、判断の大切な基準かもしれません。

大多数が支持するものでも、誰かを傷つけて人を分断していくようなものには真実はなさそうです。逆に、取るに足りないようなささやかなものでも、心を温かくし、人間同士を結びつけてくれるなら、そこには真実があるのかもしれません。

周りのみんなが良いということでも、「もしかしたら?」と問い直す冷静さと勇気が大切だと思うのです。しっかりと見極めたいものですね。

そばにいる
人をえがおに
することが

幸《しあわ》せに
近づく一歩
かも知れないね
けんこ

隣の人にも笑顔を伝染させよう

あなたのすぐ隣にいる人、まわりにいる人は笑顔ですか。

長年一緒にいると、隣の人をちゃんと見なくなりがちです。他人には良い顔で接しても、身近な人には笑顔すら見せなくなるし、相手を笑顔にもできていないんですね。

それは夫や妻でも、パートナーと呼べる存在でもいいのです。人生を歩むうえで、あなたに寄り添ってくれる人というのは、必ず意味があってそばにいるのです。逆に「こんちくしょう！　憎たらしい！」と思う人でも、意味があって、あなたのそばにいます。「袖振り合うも多生の縁」という言葉があるように、意味なくそばにはいないものです。

そばにいる人を笑顔にしたいのなら、まずは自分が笑顔になりませんか。笑顔は伝染していくものです。

笑顔を隣の人に向けると、その隣の人、さらにその隣の人にと、少しずつ笑顔が伝染していきます。そうして、めぐりめぐって、自分の所に笑顔が戻ってきます。

よくいるのですよ、こういう方。自分の周りは良い人ばっかりで自分は幸せだ、という人です。あなたの周りにもいませんか。心当たりはありませんか。そういう人は、実にひたむきに生きていて、そして、ささやかなことの内にもすてきなものを見つけるのが上手です。その人自身がとっても良い人で、良い笑顔で生きているから、まわりのみんなが笑顔で良い人になっちゃうんですね。

逆に私の周りは、いやな人ばっかりっていう方には、めぐりめぐって自分にとっていやな人しか集まってこないものです。不平、不満ばかりの人は、駄目なほうにばかり目がいって、いつも文句を言っています。

周りにどれだけ笑顔の人がいるのかが、自分がどんな生き方をしているかのバロメーターだと思うといいですよ。

自分の周りに、笑顔で良い顔の人を増やしていきませんか。

あなたの一番近くにいる人に、まず笑顔を向けてあげてください。それが幸せに近づく一番の近道です。やがて多くの人と分かちあう時間が、大切なものに変わっていきますよ。

鬼はぢごくに
おりません
他を憎んで
いる時の

人の心《こころ》に
棲みついてます

けんじ

むくむくと鬼の心がでてきたら鏡をのぞいてみよう

みなさん、鬼の絵を見たことはありますよね。

あれは駄洒落《だじゃれ》だって知っていますか。平安時代に盛んになった陰陽道からくる方角の占いで、鬼が入ってくる丑寅の方角を「鬼の門」と書いて「鬼門」といいます。これは北東の方角にあたり、十二支の「子・丑・寅……」の丑寅の方角が鬼門です。丑が牛、寅が虎となり、虎の顔に牛の角をはやして虎柄のパンツをはいたのが、鬼の姿になったといわれています。

ところで、鬼を実際に見たことのある人はいますか。多分、みなさん一回くらいは見たことがあると思いますよ。

悔しい、憎たらしいと、ぎりぎり歯噛みするような思いのときに、お宅の洗面台の鏡の中に鬼を見たことはありませんか。でも、できれば以前は見たとしても、今日からは見ないでくれるとうれしいですね。

能や歌舞伎で表現される般若の顔は、嫉妬で怒りに狂った心の象徴なのです。逆に愛情と優しさに満ちた心の象徴といえるのが「おかめ」です。

本当のところ、この世の波風を受けて生きる人間の心には、般若もいれば、おかめもいるものです。でも、般若の顔でいる自分はいやですよね。そんな時は、ちょっとの「間」をとって、鏡で自分の顔を見てみましょう。少し経てば、冷静さは戻ってくるものです。

そうして、おかめの笑顔を取り戻す努力を続けたら、般若の自分を見せることが少しずつ減ってくるのではないでしょうか。

私も、他を恨み、さまざまなものに執着しながら生きていた時代があります。鏡の中にいつも鬼のような自分を見ていました。でも、離島や過疎地、へき地で医療に打ち込むうちに執着から解き放たれたのでしょう。今は笑顔の自分がいます。育て導いてくれた、すべての人に感謝の思いでいっぱいです。

さて、この「鬼はぢごくにおりません」。最初に書いたことばには、さらに続きがあるのです。

「天使も天国にはおりません」

天使は他を愛している人の心に住み着いているのですよ。

良い顔は
皆のおかげで
作らせて頂く

嫌な顔は
自分の執着が
作ってしまう

けん三

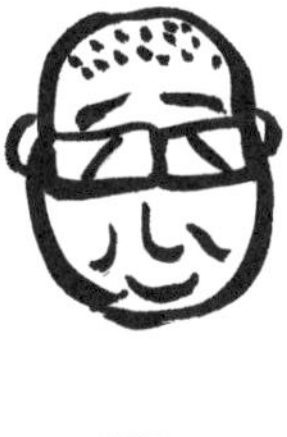

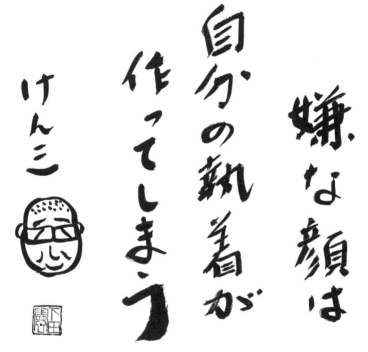

執着から離れると、愛情いっぱいの笑顔に気付く

あなたが良い顔でいられるのは、周りの良い人に恵まれて、心が愛情にみたされているからかもしれません。すてきですね。

では、いやな顔はどこからくるのか。それは執着からかもしれません。しがみついて手放せないのが執着です。価値あると思えるものを持っている自分がうれしくて、他の人に渡したくないと般若の顔でしがみついてしまうのが執着なのです。それでいて価値が見出せなくなると興味を感じなくなってしまう。一方、愛着とは、心の底から愛している。誰かに渡すことなったときも、悔いなく笑顔で見送れるのです。また、不本意に失いそうになったときこそ、その絶対的な価値を知ります。大切なものがたくさんあっても、物であれ人の心であれ、放すときは必ず訪れるものです。心底大切にしてきたものには、今までありがとう、と思えるものです。きっと、山ほどたくさんの涙を流すでしょうが、いつか笑顔を取り戻すでしょう。

ある農家の若夫婦が成功して、とても立派な家を建てました。どこかに自慢げな気

持ちもあったのでしょうか、そんな雰囲気が伝わってきました。ある日、畑で作業をしていたときに新しい家から火が出ました。家の中には、まだ歩けない末のお子さんが寝ていたのです。火の回りが早く中に入ることすらできなくて、母親は泣き崩れていました。すると、その燃えさかる家の中から、小さな赤ちゃんがハイハイして出てきたのです。

その子は無事助かりましたが、火事による心理的なショック症状が出て、母親が私の元に連れてきました。そのとき母親は、この子が助かってくれただけでほかには何もいらないと思ったと言いました。そんな話をする母親はすがすがしく、とても良い表情をしていました。自分にとって本当に大切なものが分かると、ものにしがみつかなくなるというのでしょうか、執着から放たれた姿だと感じました。

そして、この母親は今も、とても良い顔で地域に尽くしながら暮らしています。人生では、ぎりぎりの状況で本当は何が大切なのかを試されることがあります。この母親に厳しい状況で残されたのが、執着ではなく、かけがえのない愛だったのでしょう。

愛を尽くして生きましょう。打算や計算じゃなく無償で愛すれば良いのです。

荒れ地を
ひそかに
たがやして
花の種をば

まいておく
有ると良いよね
そんな楽しみ
けんこ

人の心に贈る花の種を見つけて、美しく咲かせよう

「雪が解けたら何になる?」との理科の質問に、ある子が「春になる」と答えました。正しくは「水になる」です。でも、この子の答えは、雪解けの頃、春を待ちわびる人の心をまっすぐに映した、とても素直な答えですよね。

それでは、子イモで増え子孫を残せるジャガイモは、何のために花を咲かせるのか考えたことはありますか。

科学的には種でも、子イモでも増えたいからでしょう。でも、私がたどり着いた答えは、「ジャガイモの一生で一番美しい瞬間が、花を咲かせるときだから」でした。薄紫、ピンク、クリーム色と、本当にすてきな花ではありませんか。そうして花は、見る人の心も温かくしてくれます。

私の住む町は山の中にあります。山道を走っていると、道ばたにとてもきれいな花が咲いていることがあります。それは、自然の野に咲く花ではなく、庭先で水や肥料をあげて大切に育てているような花なのです。そんな時は、つい車をとめて見入って、

そして、誰かがこっそり面倒を見ているのかなと想像し、すごくうれしい気持ちになります。

私も人生の荒地をひそかにたがやして、花を咲かせたいと思っています。この社会に、人の心のなかに、自分はいったいどういう花の種をまけばいいのかなと。毎日、そんなことを考えながら生きています。

皆さんもそれぞれの花の種を見つけて、まく場所を探してみてください。自分が種をまいた花だといって威張るのではなく、あとになって花が咲いていたら、きれいだねと、誰かと一緒に愛《め》でられたら、それでいいじゃありませんか。

ひそかに耕して、いつか花が咲き、その花を見て、自分も周りにいる人も幸せな笑顔になると思うとうれしいですよね。心の切り替えは、今日からでもできます。そんな思いで毎日励めば、人生が楽しく輝いてきます。

心の花を咲かせたいものです。

あなたはどこに種をまいて、どんな花を咲かせたいですか。

亡くなった人の
霊魂《たましい》は消えない
想い続ける

私達の
優しさの中にほら
今も生きてる

けんじ

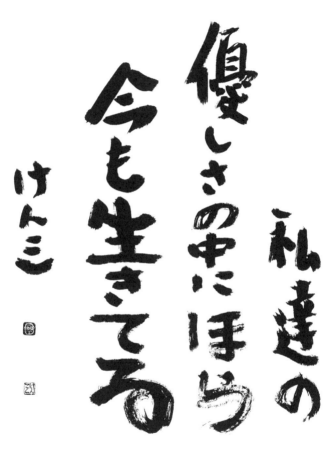

思い続ければ、今もあなたの優しさのなかに

これは、東日本大震災のあとに与えられたことばです。

震災の3カ月くらい経った頃に書いた、元となる「ことば」があります。それには、「優しさ」を「心」と書いていました。

震災直後、罪のない人の命がたくさん失われたことに、この世には神も仏もないものかと思いさえしました。でも、遺《のこ》された人たちのなかに、恨み、つらみよりも、互いを思いやる優しさが生まれてくるのを感じて、すごいと思ったのです。

ああ、この優しさのなかに、亡くなった人たちもずっと生き続けているのだと。

そのことに気付いたときに、この「ことば」に変わりました。

それからも国内外問わず、さまざまな災害や戦乱で、多くの大切な生命が失われてきました。そのたびに遺された人たちの悲しさや切なさに共感し、涙してきたのは、私だけではなかったと思います。

そして、やはり最初は、遺された人たちのなかに、怒りや悲しみが湧き起こっても、

やがて、周りのすべてに向けられる限りない優しさが、寄り添うように生まれることに、気付かされました。それこそは、亡くなった人たちの魂が導き出してくれる、純粋な優しさに違いないと思いました。

永六輔さんが、生前に講演会でお話しされていたことばに、「人間は二度死ぬ」というものがあります。

一度目は医者から死亡宣告をされたとき、そして、二度目は亡くなった方を思う人が誰もいなくなったときだというのです。

思い続けてさえいれば、亡くなった人の霊魂は消え去るのではなく、形を変えて私たちに寄り添い、優しさで包み励ましてくれます。人間って本当にすてきだと思いませんか。

だから、あなたも私も亡くした大切な人のことを忘れないでいましょうね。ずっと思い続けましょうね。

喜びを分かち合い
悲しみも分け合う
愛するって

本当はた易い
事かも知れない

けん三

喜びも悲しみも、分け合いながら生きていきたい

愛することって、とても難しい面があります。でも、じつは喜びを分かち合い、悲しみを分け合うことが、愛することの一番の基本なのです。

喜びを分かち合うことを、仏教の言葉で「与楽《よらく》」といいます。悲しみを分け合うことは「抜苦《ばっく》」といいます。与楽というのをひとつの文字であらわすと「慈」、抜苦は「悲」となります。「慈悲」というのは、まさにこの、喜びも悲しみも分け合うということです。

よく、喜びは分け合えば倍になり、悲しみは分け合うと半分になるといわれます。これをあまねく社会のために大きな広い心で行うことを「大慈」「大悲」といいます。そのように慈悲を大きな立場でおやりになるのを象徴的に現したのが、もしかしたら観音様と呼ばれる存在なのかもしれません。本質は「大慈」「大悲」の心、すべての人を等しく愛し包む広大な力を現しているのではないかと思います。

喜んでいるときに寄り添ってくれた人、とりわけ悲しんだり、苦しんだりしている

ときに、寄り添ってくれた人、そんな人が存在したことに、私たちは大いなる力を感じても良いのかもしれませんね。だから人は悲しかったことや苦しかったことを、やがて良い思い出に変えていけるのでしょう。

人間の私たちの心はそんなに大きくなれないのですから、大慈大悲の心はなかなかもてません。でも、私たちは観音様にはなれなくても、「小慈」「小悲」くらいはできそうではありませんか。

誰かが悲しんでいたら一緒に悲しみ、喜んでいたら共に心から喜ぶことができたら、それでよいのです。あなたのそばにいる人に寄り添って、心を分け合いながら生きていけたら、少しは観音様の境地に近くなれるのではないかと思います。キリスト教でいえば、マリア様が同じ事をやっておられるようです。

あなたが悲しみの底にいたとき、うれしいことがあって笑っていたとき、思いを共有しながら、そっとそばにいてくれる人がいたから、今のあなたがいるのではありませんか。

思い出してみてください。

ばかやろうと
いうたびに
世界がせまく
なって行く

ありがとうと
いうたびに
世界がひろく
なって行く

けん三

〝ありがとう〟で、広い世界へ

「ばかやろう」と「ありがとう」。あなたはどちらの言葉をより多く口にしながら、あるいは心に思いながら、生きていますか。

「ばかやろう」と言うのも、「ありがとう」と言うのも、それぞれの自由ですね。

でも実は、自分の口から発せられる言葉に見合った世界に、それぞれが住んでいるものなのです。

口には出さなくとも、「ばかやろう」と心のなかで言いながら生きている人って、なんとなく分かりますよね。同感する場合もありますが、むしろ、かわいそうに感じ、同じようにはなりたくないと思い、その人とは無意識に距離をとってしまうことが多いのではないでしょうか。

「ばかやろう」を言うたびに、その人の世界は狭くなっていき、それがさらに不満の種となり、再び次の「ばかやろう」を生み出します。

一方、「ありがとう」といつも思いながら生きている人は、やはり会うと、分かりますよね。口先で「ありがとう」と言うだけではなく、とても親しみのある笑顔や、優しい仕草のすべてがそう語りかけてきます。

そんな人と出会うと、「ああ、この人となら一緒に歩める」と感じ、つい寄り添いたくなります。

「ありがとう」を言うたびに、その人の世界は広がっていき、それが新たな喜びにつながります。そして、次の「ありがとう」が生まれるのです。

気に障るとき、「ばかやろう」と言って何が悪い、当然のことをしてもらっただけなのに、なぜ、「ありがとう」と言わなければならないんだ、と言う人もいます。そんな人は、周りの多くの営みのなかで生かされている、自分という存在を感じ取れていない、かわいそうな人なのかもしれませんね。

自分勝手に生きているのではないことに気付き、「ばかやろう」を少しずつ「ありがとう」に変える努力をしながら、生きる世界を広げていけたらいいなと思います。

みずからの
おろかさみにくさ
ほんとは知ってる

なのに忘れて
他人《ひと》を責め
てる

けんじ

素のままでいられる人は、他にも優しくなれる

自分が常に正しいんだ、強いんだと心から思って生きている人がたまにいます。本当は、誰もがみんな弱さ、おろかさ、醜さを持っているはずなのに、忘れてしまっているのですね。

旧約聖書に出てくる、無敵の怪物・サムソンでも弱点を持っていましたし、怪力無双のゴリアテという巨人も眉間につぶてを受けたら、簡単に首をはねられてしまったという話もあります。

誰もが己を、弱くて、おろかで、惨めで、情けなくて、何よりも罪深いと感じ取ることができるのなら、人を責めるより、謙虚に優しく受け入れることができるはずなのです。

人を受け入れる心は、本来みんな持っているものです。自分自身のもろさや欠点などのマイナス面を自覚しているときに、他者を受け入れる優しさが発揮されます。他に対する視点や接し方が違ってくるのです。

自分の欠点を忘れていられる人、他人の欠点だけを見ている人というのは、他人を頭ごなしに責め続けます。でも、そんな人に対しては、みんな同調するふりをしますが、心のなかでは距離を置きます。

素直になって、自分の欠点を包み隠さず、生きていくと良いのです。自分がえらいなんて思われなくてもいいし、弱さを隠さずにいればいいのです。

欠点をさらしたところで、あなたを責める人はほとんどいないと思いますよ。

大部分の人は、むしろ、そっとあなたを助けてくれます。自分が弱い人間なんだって正直に表現できたのなら、自然とあなたを助けたいと思う優しい人たちが集まってくるのではないでしょうか。

これは、宮沢賢治の「雨ニモ負ケズ」の世界です。平凡であることの良さなのです。ごくごく平凡な人間として日々に感謝し、大変なときはうろたえ、うれしいときは喜び、悲しいときには涙を流して、素のままでいることができるなら、今よりもっと楽に生きていけそうです。

天の光浴びながら
大地の恵みも
いただいて
多くの人に支えられ
やっとここまで

歩いて来たよ
ひとりでは生きて行けない
小さな　私

けん三

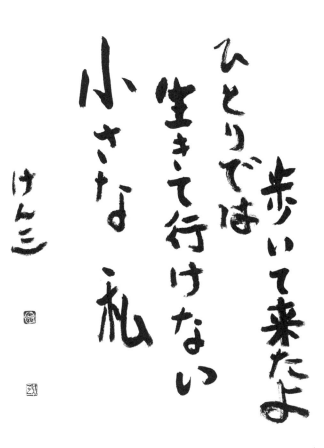

自分は一人では何もできない存在と知る

生まれたとき、自分で産湯を使った人はいません。また、死んだとき、棺桶に自分で入り、自力で火葬場まで行った、なんていう人もいませんよね。

人間は、自分一人では本来なにもできないのです。この世に生まれることも、死後をまかなうこともできません。そして毎日を生きていくためのエネルギーだって、天の光や大地に育まれた恵みからいただいているのです。

でも、私たちはいつしかそのことを忘れてしまいます。生かしてくれる何ものかに対して次第に鈍感で希薄となり、自力で生きているような感覚に陥りがちです。それが怖いと思うのです。

脈々と続いてきた文明の発展を一概にけなしてはいけないとは思いますが、便利になる一方で失っているものがあるのではないでしょうか。いつしか効率主義となり、本来、人が持っている感性や情緒豊かなものへの価値観が希薄になっているのではないかと気になるのです。

この世の中でより苦しみ、悲しんでいる人は、ほかのみんなの代わりに苦しみや悲しみを受けてくれている存在だと私は思っています。そういった人たちへの慈しみの心が生まれるように、社会の価値観が変わってほしいものです。

苦しんでいる人たちへの感謝と報恩をこの世界で実践された一人が、マザー・テレサです。彼女はカルカッタのスラム街で、打ち捨てられ、ぼろ雑巾のようになった人たちを保護して看取りをしました。彼女の信念は、キリスト教からきていますが、彼女がお世話した人たちはクリスチャンではありませんでした。多くはヒンズー教徒やイスラム教徒ですし、お世話してもらったからといって改宗した人はほとんどいなかったのです。

でも、彼女の行動は、決してあわれみの心からではありません。打ち捨てられ死んでいった人たちは、まさに、十字架の上で死んだキリストの現《うつ》し身だといいます。だから自分は、十字架のイエスに仕えるようにこの人たちに仕えるのだと、生涯を貫きました。

その根底には、人と自然と、それらを生かしている大きな力への深い畏敬と感謝の念があったのは想像に難くありません。

私たちはみな、たくさんの命に支えられてここまで歩いてきているのです。

今日出会う
すべての人に
幸有れと

祈る私に
なれますように

けん三

他の幸せを祈ることは、人生を豊かにすること

なかなか、この「ことば」のようにはなれないものですよね。だからこのことばは、「なれますように」という祈りです。努力目標なのです。これに近いことばに、「明日でこの世が終わるとしても、今日出会う人を愛せたら良いな」というものがあります。どちらもとても好きなことばです。

今日出会う人が幸せに、と願う自分になれたなら、自分自身もどんなに幸せかと思います。せっかく出会う人なのだから、悪く思うのではなく、幸あれと願いたいものですよね。

これは、自分一人の努力でできる場合もありますが、祈る自分を支えてくれる周りの助けがなかったなら、こうはなれないものです。そんなことにも気付けたら、より深い人生になると思います。

しばしば、自分一人が祈ればいいという錯覚に陥ることがありますが、自分の思いだけでできることは案外と少ないものです。逆に全部、人任せにもできませんが。

祈る自分の力と、導いてくれる誰かの力。この双方向の力が交わるところに、人間が生きることのすばらしさが生まれるから、「なれますように」と祈るのです。その両方がかみ合ったときに人生が豊かなものになります。

思えば、豊かな人生とは何なのでしょう。

物の豊かさは時として人生を怠惰にしてしまいます。心の豊かさはいつも人生を元気にしてくれます。そして、その心の豊かさは、他から何かをしてもらうことよりも、何かをさせていただくことで、もたらされるような気がします。

たとえそれが悲しんでいる人に寄り添って、悲しみをそっと分かち合うということだけでも良いのではないでしょうか。

ただひたむきに願うのは、出会いのすべてに心を尽くすことです。

縁があって日々出会わされる一人一人が、人生の敬愛すべき師のような存在です。

目をそらさず、何よりも心をそらさず、小さな出会いにもしっかり向き合って歩むことができれば、その先には、みのりの多い世界が広がっていそうです。

空身《からみ》で歩いても
人生は充分重い

荷物を少し
下ろすと良いよ

けんじ

重荷を潔く手放せば楽になれる

徳川家康の人生訓（御遺訓《ごいくん》）に「人の一生は重荷を負うて遠き道を行くがごとし」とありますが、まさに、その通りです。

何も背負わないで歩いていても大変なのに、それにもかかわらず、重い荷物を手放さずに、さらにさらに背負い込んでいる人が本当に多いのです。

物の断捨離と同じで、心の断捨離も必要なのですよ。

荷物とは、多くの場合、人間関係のしがらみによる心の重荷です。その重荷を背負って息も絶え絶えに歩いているからつらいし、身体も悲鳴をあげます。しがみつくように必死で抱えているものは、果たして意味のあるものなのか――。それを見極めて、ほんの少しでいいから、おろしてみたら良いと思います。

でもね、重荷やストレスが生きがいにもなっている部分がありますから、全部ではなく、一部だけでもおろせばいいのです。本当は、空身で歩いていても、生きているという、ただそれだけでも充分、立派なんですけどね。

こんな患者さんがいらしたときは、私は率直に言います。「何か重いもの、背負ってないかい。おろしたらどう」って。皆さん、心の奥深くでは分かっていますから、そのときは、はっとしますけど、なかなかおろそうとはしないのです。一度抱えた荷物はなかなかおろせないのが人間です。

すぐに分かって重荷をおろしてくれた人は、やがて来院しなくなるようです。楽になりますから。患者さん同士でネットワークがあるので、知人と思われる人に「○○さん、その後どうしてるのかな」って訊くと、どうやら症状もなくなって元気で活き活きと暮らしているらしいと分かります。

でも、がんじがらめになって荷物をおろせない人は、比較的長く通って来るみたいですね。分かっていても、おろせないのです。おろせないけど、私の顔を見ると、その時だけは楽になると感じて通ってきます。

「無理をするのはやめました」って言えたなら、笑顔になれるのですけどね。

一度でも、背負い込んでしまった重荷を手放せない。これも、やはり執着です。

悲しみ苦しみを
一人で背負って
歩くのはよそうよ
人間って

そんなに
強くなくても
良いんじゃ
ないかなあ

けんこう

悲しさを素直に表現できたら、支えてくれる人はいるはず

とても良い表情をして老人ホームで暮らしていたおばあさんがいました。90歳半ばから踊りを習い始めて、だんだんと上達し、100歳のとき、それはすばらしい踊りを披露してくれました。

それまでは、生き別れ、死に別れ、財産を持っていかれたりと、いろいろと壮絶な人生を経験してきた方でした。

ある時ふと、その方が口にしたのは、「私、ここにきてからの人生が一番しあわせ」ということばです。しかも、すごく良い顔で笑うのです。私は、ああ、良いお世話を受けているのだな、良い生き場所を見つけたのだな。そして、周りの優しい気持ちを素直に喜ぶことができるのだなと感じました。

ずっと苦労して、悩んできたからこそ、味わい深い幸せな老後を得て、107歳ほどで良い顔をしてお亡くなりになりました。

今思えば、長い間の苦労を受け入れた本人の心と、老人ホームの介護の人たちの優

しい心とが交わった結晶だったのでしょうね。苦労して生きてきたことはマイナスではなく、価値あるもの、大切な人生の糧として、本人が受け入れられたからこそ、この方は心からの安寧《あんねい》を得られたのだと思います。

すてきなことですね。

このおばあさんのように、苦しみも喜びも素直に表すことができるようになれたらいいのですが、それができなくて、一人でめいっぱい背負って生きている人もたくさんいるようです。

「そんなに無理しなくたっていいでしょ。みんな弱いんだよ」と声かけをします。

一人で背負い込まないで素直に自分の弱さ、悲しみを出せれば、必ず分かってくれる人、支えてくれる人が出てくるものなのです。

あなたがいま、悲しみ、苦しんでいるのなら、「がんばらなくてもいいんだね。強くなくてもいいんだね」と、早く気付いてほしいと思ってます。

あなたがいるから
この世だね
私もいるから

この世だね
みんないるから
すてきな世界

けんじ

思い通りにならないからこそ、人生は味わい深くなる

嫌いな人など一人もいないって方はほとんどいませんよね。

そして、自分に都合が悪い人はいないほうがいいと思ったことも、ありますよね。

でもね、もしこの世の中が、自分に都合の良い人たちや、自分に似たような人ばかりで構成されていたら、どうでしょうか。最初のうちは楽でも、そんな世界はだんだん気持ち悪くなってきて、私ならきっと3日で逃げ出したくなると思います。

自分の思うようにならないのが他人というものです。私も妻とは、食事の仕方だけをとっても、いろいろなことが違うんですよ。お醤油のかけ方とか、レモンのしぼり方とか。夫婦でもそうなのに、ましてや他人なら、合わないのが当たり前です。

本当はいろんな人がいるからこそ、この世の中は多彩で面白いのです。いろんな異なる意見があるから、この世というのは歩んでいて楽しいのですね。思い通りにならないからこそ、人生に味わいと深みが生まれるのです。

人にはいろんな個性がありますが、実は良いところだけが個性じゃないのですよ。

皆さんも、思い返してみれば分かります。欠点も立派な個性のうちなのです。そして、自分の欠点は自分が一番よく分かっていて、そこを補いながら生きているのです。

誰もが最初、傷ひとつない水晶の珠を持って生まれてくると仮定してみてください。きれいだけれど、そこには個性はありません。

ある時、その珠にひとつ傷がついたら「自分の大切な珠に傷がついてしまった」と残念に思います。さらに、二つ、三つ、四つ……と。生きていくなかで、だんだん傷が増えてきます。そうして傷だらけの珠になってやっと、傷のあるところとないところが相まって、一人一人の素晴らしい模様が創られます。

この自分のなかだけにある模様、つまり、傷や欠点こそがあなただけの美しさを見せて、個性を創りだすのです。傷ひとつない完璧な珠なんて、完璧な人間なんて、この世にいないのです。

そんなことを互いに認められるようになると、いまよりも大きな世界が見えてきて、いろんな人がいるからこそ、この世の中は味わい深いのだと思えるのです。

ああそうか
ほかのどこでも
ないんだね
今の私が

立っている
ここが約束
されてた場所だ

けんぞう

役割を与えられる場所が、あなたの生きる場所

このことばは、私自身の存在についての気付きなのです。

内科医は、死に立ち会うことが多い仕事です。医者になって7、8年目のころ、本当にこの仕事がいやでいやで仕方なくなったときがありました。

入院患者を受け入れていたときは、年に70～80人の方を亡くしました。人間が嫌いだったら違ったのでしょうが、なぜか思い入れてしまうのです。一生懸命診て、亡くなられたら本当につらいものです。なぜこんなにつらい思いをし続けなきゃならないんだ、なんて因果な職業なんだと思っていました。

でもある時、気持ちがぱっと変わったのです。医者になってよかったなと思ったのです。誰かが看取らないといけないなら、看取らせていただける仕事というのは、やっぱり大事なんじゃないのだろうかと。なんてありがたい役目を与えられているのだろうと。

だとすれば、やがて死ぬ人として診るのではない、生を全うしてもらおう。死によっ

て終わらせるのではなくて、その人にとって良いあり方でゴールしてもらおう。それができたなら、医者がやりがいのある仕事に変わるだろうと思ったのです。

それは、長崎の離島で地域医療に取り組み、自分の全責任で患者さんの生と死を引き受けていたとき、病む人の心に共感できた体験があったからです。

人の悲しみや苦しみに共感できる自分がいることに気付いた瞬間でもありました。己の幼少期の悲しく、苦しく、惨めな体験が得がたい貴重な思い出に変わり、逆に力になったのだと思っています。同時に私は、この職を与えられたことに素直に感謝できて、自分の人生も意義のあるものになりはじめたと気付きました。

でも、それから40年以上が経ちましたが、共感が未熟で浅いままの自分がい続けているのも事実です。一人で多くの人間の人生を受け止めることは、そう簡単なことではないとも思い知らされています。

それでも私の仕事は、死ぬことをお手伝いするのではなく、「豊かに生きること、そして満足して人生を全うすること」をお手伝いすることにあります。それが役目であり、ここが約束された私の場所だと思っています。

縁が有るから
生きて会えてる

大切に
歩いて行こう
あなたと私

けんじ

毎日いただくご縁に感謝

振り返れば、医者として歩み始めたころの私は、とても罪深い人間でした。幼いころに負った深い心の傷ゆえ、「自分など、誰からも必要とされないのだ」と思い込み、周りに反発し、まるで仕返しするように他者を傷つけながら歩んでいました。しかも本当に罪深いのは、そんな自分にちっとも気付いていなかったということ。だから医者になったときは、屈折したプライドが加わり、まちがいなく嫌味な人間だったと思います。

でも、なぜか選ばされることになった地域医療の現場が、そんな私に多くの出会いを与え、教え導いてくれたのです。何よりも、さまざまな思いをこの世に遺《のこ》しながら「人生と愛」を教えてくれた、幾多の患者さんがいました。人間に寄り添うことの歓びと切なさを、同時に示してくれた、素晴らしい医療人たちもそこにいました。

そんな出会いを積み重ねていくうちに、ある時「ああ、こんな罪深い私でも、ちゃんと受け入れていただいている」ということが、すとんと胸に落ちたのです。と同時に、それまで抱いてきた妙な気負いやプライドを、塵埃《じんあい》のように心から捨て去った自分を見出しました。

その時かもしれません。「他に尽くさせていただきながら、罪を償って生きよ」との道を与えられたのは。

医者としての人生の大半を、離島、過疎地、へき地で過ごしています。でも、だから何をできたのかと問われれば、胸を張って言えることはありません。ただ、今もこうして山峡の地で、小さな医療を続けている私がいるだけです

しかし、その山医者としての一日一日が、私にはとても大切な日々なのです。出会わされ続ける人すべてが、縁あってこの地に住む「あなた」であり、縁あってこの地を訪ね来る「あなた」だという、すてきな状況になっているからでしょう。大切に思わないでいられません。

傷を負った過去があるからこそ、「今」こうして歓びをもって歩んでいられると思えば、これまでの人生も糧に変わりました。この職を授けられたことに感謝しています。

さて、今日はどんな出会いを与えられるのかなと、ワクワクする自分がいます。

苦楽が有っての
豊かな人生
泣き笑い

生きて行くから
すてきな人生

けんじ

日々の感動や人との絆を大切に

私の思うすてきな人生とは、その人らしい笑顔で生きていける人生です。他人の価値観と比較することは執着につながってしまいますから、やめましょうね。

私はよく、患者さんに「笑顔でいられることをやっていますか」と訊きます。あなたが一番、笑顔でいられることをやればいいのですよと。

すると、多くの人は、「できていません。でも、探してみます」と言います。

みなさん、人生に何らかの苦しさを持ち、笑顔をなくして私のところにきていますから、この問いかけに、はっとするみたいです。心の病気も身体の病気も同じで、自分らしい笑顔でいられるとき、自然治癒力が最も上がるものなのです。

そしてこの、自然治癒力というものはしばしば、予想を超えた力を発揮するものなのです。余命3カ月と宣告されて私のところに来て、2年経った今も元気で働いているがん患者さんは、本当にすばらしい笑顔を見せてくれます。

だから、自分本来の人生を生きるために必要なものは何かと言ったら、まず笑顔です。

忘れていた笑顔を取り戻すことが、たとえ病を得たとしてもすてきな人生を取り戻すことにつながります。

でも本当は、笑顔だけではなく、泣き顔だってすてきな人生を作ってくれるのですよ。

それは何かに執着して苦しんでいる泣き顔ではありません。人生には、どうしても避けられない不幸が訪れることだってあります。

しかし、自分らしい素直な笑顔で生きることができるようになった人は、苦しいとき、悲しいときでも、やはり自分らしく素直に涙を流しながら生きていけるのです。

苦も楽も、悲しみも喜びも、そのすべてを丸ごと受け入れて、日々起こることのひとつひとつにしっかりと感動しましょう。そして、出会うすべての人との絆に感謝し、愛おしみながら歩んでいけたなら、人生はとても豊かですてきなものになると思いませんか。

第2部
私のなかの歴史
ことばで癒やす

水害のまちで

被災者の共感で支え合う

台風10号が北海道に接近した２０１６年8月30日夜。私のクリニックがある上川管内南富良野町の幾寅地区は停電はありましたが、それほどの大雨でもなく、大丈夫だろうと、クリニック２階の自宅で就寝しました。大雨が降ったのは、町を流れる空知川の上流部だったのです。

31日未明。違和感があって窓から外を見ると、地面がキラキラ光っているのです。目を凝らすと、激しい濁流の中でした。もう逃げられない。妻を起こし、浸水した1階に下り、２人でカルテを少しでも高い所へと移しました。２階へ戻り、どうなるのかと、窓から大河のようになった国道を眺めていました。

東の空が明るくなったころ、水の勢いが衰え、水位も下がり始めました。再び妻と1階に下り、除雪スコップで排水を始めました。クリニック内の浸水は床上20センチに達しました。

それからは、泥出しと清掃消毒、水に漬かった物の処分の毎日。患者さんとの対話で生まれた詩を墨書し、来院者の心を癒やし、僕も生きる力をもらってきた「ことば」を20年近く書きためて残していましたが、多くが水没。ぼうぜんとしました。

ある日、体が動かなくなりました。疲労が極限に達したのです。このままでは死ぬ。職員に指示するだけにして腰掛けて休み、何とか回復できました。

東日本大震災などの被災地を大変だと思いながら、本当に大変なのは何かを知らなかった。「災害関連死」の言葉も自ら被災して初めて実感しました。

復旧作業とは、肉体的にも精神的にも過酷なものです。普通の労働には対価が与えられますが、災害復旧は被災者にとってむなしい作業なのです。泥まみれになった思い出の品々を「これも使えない。あれもだめだ」と諦めるばかり。持ち出せたのは子どものへその緒だけだったお母さんもいました。思い出を諦めながらの重労働を強いられると心身にこたえます。

9月9日に診療を再開しました。被災した患者さんたちは、最初は気負

空知川の堤防が決壊し、濁流にのみこまれた
南富良野町の幾寅地区（2016年8月31日）

いもあり元気ですが、だんだんボディーブローのように体の不調が出てきました。血圧の上昇、食欲不振、胃腸の不具合――。じっくり話を聞くと、疲れて心身共に傷ついた人ばかりです。頑張りすぎると心が折れる。心と体を休め、ちょっと緩くやった方がいいと声をかけました。「頑張れ」なんて言葉より、「大変だね」との共感で支え合えたのは収穫でした。

被災した医師にできることは、笑顔で患者さんを迎え、話を聞くこと。それしかありません。自然災害を避けることはできなくても、どう受け止め、どう歩むかです。嘆いた顔ばかり見せるより、やれる限りのことをやるしかない。被災したことは、医師としていい経験になりました。

悲しいから貴方
慰めてもらえる
苦しいから貴方
救けてもらえる
人生って
良いよね

けん三

大きな試練でした。
しかし、得たものも大きかった。
文には書かれていませんが、
私を災害から立ち直らせた力は
熱い心での救援と慰めにありました。
それがなければ、
そのまま倒れていたに違いありません。

故郷・佐世保

親を憎む遠縁に預けられ

1947年、生まれたのは埼玉県戸田市ですが、故郷と言えるのは、育った長崎県佐世保市です。高校卒業までいました。

埼玉に何歳までいたのかは分かりません。ただ生まれただけの場所だったかもしれません。父は証券マンだったらしいです。僕が3歳の時に結核で亡くなりました。記憶にあるのは、仏間で白い布に顔を覆われ寝かされている姿だけです。

母は僕と2歳上の姉を連れて再婚しました。相手にも4人の子どもがいました。再婚して女の子2人が生まれました。僕より5歳下と7歳下の妹です。

新しい父は中学校の理科教師でした。アニメ「サザエさん」のお父さん「波平」と見た目も性格もそっくり。着物を着てステッキをついて歩く。頑固だけど、それなりにいい人だったと今思えば分かります。母のことも大事にしてくれたようです。

家は佐世保市内の佐世保川の河川敷にあった6畳二間。その半分は母が営む教派神道の教会でした。信者から少しのお布施をもらっていましたが、教会運営が軌道に乗り、神殿のような24畳ほどの大広間がある大きな家に引っ越しました。

その前後の頃です。僕は遠縁の家に、姉はまったく他人の家に、それぞれ預けられていたのです。理由は分かりません。戦後の食糧事情もあったのかもしれません。昔から懇意にしているから大切に扱われるだろうと考え、預けたのでしょうか。

ところが、僕が預けられた遠縁の一家は、僕の母と義父を敵《かたき》だと恨み、憎んでいたのです。なぜなのか。50年もたって和解してから聞くと、その家族の誰かが、がんか何かで亡くなったいきさつが絡んでいたようでした。身内がつらい思いをして病気で死んだのは、あんたの親が悪い、と。

当時はみじめでした。食べ物もまともに与えられず、盗み食いをしました。おねしょをすると、手におきゅうをすえられました。何かあるとすぐたたかれ、泣くと大笑いされました。

2歳か3歳の僕（右）と姉

今から思えば虐待を受けていたのですが、子ども心では、自分が悪い子だから叱られたのだと信じていました。そしてなんと、60歳を過ぎるまでそれを疑いませんでした。

預けられていた頃、親が三輪車を買ってきました。喜んで外に出て、階段から舗装道路に下ろしてもらい、夕暮れまで乗っていました。家に帰ろうとしたら、階段が壁のように高く、三輪車を持ち上げられないのです。一緒に暮らしていた遠縁の大人に頼んでも手伝ってくれない。仕方なく、階段の下に三輪車を置いていたら、翌朝にはもうなかった。なくなったとは親に言えません。

60歳を過ぎてから、そこを訪ねたら、3段ぐらいの小さな階段なのです。当時の自分の幼さを知り、涙しました。置き去りだった三輪車を、心に取り戻した瞬間でした。

放浪の日々

「遠くへ」の思いで北大へ

遠縁の家に何年いたのか覚えていませんが、虐待されて植え付けられた劣等感を引きずっていました。自分は悪い子なんだ、だめな子なんだ、と。

学校では偉ぶって、はったりをきかせていました。成績は良かった。国語と生物が得意でした。でも、いい友だちはできません。不良グループに入り、悪いこともしました。町中の表札を盗んで川に流したり、共同墓地で墓石を倒したり、プランターの花を引き抜き逆さに刺したり……。

皆で大きな家で暮らしたのもつかの間、上の子たちは巣立ち、家には義父、母、妹2人と自分。多感な時期に実の親に甘えることができなかったせいでしょうか。

自分がいると家の中がぎくしゃくする。いなくなれば、いい家族になるはず。家から離れたい。できるだけ遠くへ——。高校3年の時にそう考えて北海道大学を受験しましたが、落ちました。

故郷から逃げるため大学を目指したのに、入試に失敗したらかないません。親の勧めで予備校に入りましたが、1カ月もたたずにやめ、家出をしました。

リヤカーを引き、廃品を回収しました。古物商でいい値段で売れ、1日回ると何千円か稼げました。一つの町で何日か廃品回収して、また別の町へ。学校の校庭に潜り込み、水飲み場で水を飲み、寝袋で寝ました。服は川で洗濯。風呂にはたまに入りました。そうして九州、四国、中国地方を放浪しました。

でも、見つけたいものが何か分からず、放浪の旅先では、いろいろなものを探りました。禅寺、キリスト教の教会、共産党系、新左翼党派など、声をかけられると集会に行きましたが、落ち着くことはなかった。ずっと、さまよっていました。

当時はまだ18歳。体力に自信はありましたが、10月末に、体調を崩して重い蓄膿症《ちくのうしょう》になりました。高熱を出し、親元に戻って頭を下げました。すぐ入院、手術。2週間は入院しました。

何とか12月末に回復しました。さあ、どうしよう。もう一度大学入試に挑戦するか。年が明け、猛勉強を8週間しました。トイレと食事、寝る時間以外は部屋にこもって受験勉強です。

大学を出て、医師か弁護士、あるいは教師、それもだめなら、安っぽい物書きになればいい。そんな思いでした。

中央大学の法学部に受かり、その勢いで北大医学部にも合格しました。やはり、遠くへ行きたかったのです。親も医師になってほしいと願いました。

高校3年の僕。文芸部で文学散歩した長崎県平戸市の寺で

義父は医師になりたかったがかなわず、鹿児島大の理学部を出て、中学の理科教師になりました。あまりかわいがられた思い出はないのですが、僕が医学部に入ったことで期待してくれたようです。かなわなかった夢を僕に託したのでしょう。僕が医師になって2年目に亡くなりましたが、満足して逝ったようです。

あの人が居て
この人が
居たから
今の私が有る
愛も憎しみも
過ぎてしまえば
みんな懐かしい

けんじ

でも、
この頃に接した人々の多くとは、
今ではすっかり仲良しです。
今の私をつくってくれた
大切な人たちだと思っています。

学生時代

サークル通じて社会運動

知った人が誰もいない地で生きるんだとの決意で、1967年に北大に入学しました。

入学式会場前ではサークルの勧誘を受けました。誘われて、当時盛んだった「セツルメント」のサークルに入りました。学生が貧困地域で子どもに勉強を教え、勤労青年と語り合い、貧しさから抜け出すのを助ける社会運動です。北大以外の札幌の他の大学や看護学校、保育専門学校などの学生も一緒でした。

札幌の豊平川に架かる東橋たもとの河川敷には、トタンや板張りの家が立ち並び「サムライ部落」と呼ばれていました。

セツルメント活動の学生たちは、この集落で幼児から若者まで世代を分けて、無償の奉仕に取り組んでいました。僕は小学校低学年の子を教えたり、アコーディオンを弾いて、みんなで歌ったりしましたね。

音楽は好きで、アコーディオンは今も弾きます。姉と妹はピアノを習いましたが、男の僕には習わせてくれなかった。でも、子ども用のアコーディオンを弾いたり、姉と妹のピアノ教本で練習して覚えました。

当時は歌声喫茶が全盛。狸小路の歌声喫茶「こだま」によく行きました。ある日、店のアコーディオン伴奏者から「あんたも弾くんだってな」と声をかけられました。別の伴奏者一人が辞めたそうで、隔日で伴奏のアルバイトが始まります。流行歌「若者たち」やロシア民謡「ともしび」など、リクエストされたら何でも弾きました。

北大1年生の大学祭当時の私

アルバイトは他に国鉄で貨車を押したり、枕木を運んだりの肉体労働。大工の手伝いもしました。住宅建築の現場で、命綱も着けず2階の屋根に材木を持って上がりましたね。

一時期、このサムライ部落に住んだこともあります。テキ屋の親分から「俺の部屋、安く借りないか」と誘われたのです。円山球場の巨人戦で倍値で缶ビールも売りました。

その時期、サムライ部落で火事があり、12世帯が焼け出されました。

「おーい、家を建てるぞ。大工やってたんだべ。手伝えや」。焼け出された人たちが入居できる住まいを再建するのを手伝いました。材料は川から集めた流木など。屋根も外壁も板張り。部屋の内壁は新聞紙を貼っただけ。朝に建て始め、夕方に完成しました。その夜は犬肉の鍋です。サムライ部落で学んだことは良い思い出です。

北大には7年在学しました。1年目で留年したのですが、大学紛争の激しい時代で勉強はしなかった。僕は1年生で教養部の自治会議長に立候補して当選。ストライキを議決させたこともありました。でも、セクトの分裂と対立、火炎瓶を投げて機動隊が導入されて……。こんなことやっても仕方ないなと、学生運動から脱落しました。

医学部では実習だけは真面目に出ました。卒業前は医師国家試験を目指し、一生でこんなに勉強したことはないほどやりました。

医師の道へ

厳しい体験に育てられて

北大医学部で1年の留年を除き、最初の4年は一般教養と生理学や薬理学、解剖学などで、それほど難しくはありませんでした。最後の2年で、あらゆる臨床科に関することを学びました。卒業試験は難しく、学生の3分の1は落ちましたが、何とか及第できました。学生時代に学んだことは今も臨床の現場で役立っています。

国家試験は僕が受けた年から難しくなると分かり、みんな猛勉強しましたが、北大生で4分の1は落ちたかな。僕はかろうじて合格。学生結婚して、子どももいたので、医師になれないと大変困るので必死でした。

大学紛争の結果、北大医学部は医局（教授を頂点とする人事組織）が崩壊し、医局の組織として残っていたのは小児科と精神科だけ。大学に残って勉強するには大学院に進むしかなく、家族を持つ貧乏学生に大学院に進む余裕はありませんでした。

結局、札幌市内の勤医協札幌病院に勤めました。消化器科で内視鏡を

現在の勤医協札幌病院

使った医学を究めたくて、ここで勉強しよう、と。当時、胃腸の診断はバリウムが主。まだ出始めたばかりの内視鏡の開発と研究で知られた北大の並木正義先生（旭川医大名誉教授、２００６年死去）の一番弟子が勤医協札幌病院にいて、バリウムと内視鏡の診断法に熱心に取り組んでいました。

とても厳しい職場でした。その一番弟子が内科医のトップですが、総回診では胃バリウム検査のレントゲン写真を見せなければいけない。患者の前で、僕が撮った写真を窓にかざし、投げ捨てるのです。「これでは役に立たない。下敷きにしかならない」と。患者に「申し訳ありません」と謝って撮り直しても、次の回診でまた投げられる。でも1年でバリウム診断も何百回か手がけ、内視鏡による診断も七十数回はできました。

他に眼底写真を撮るなど何でもやらされました。受け持つ患者の治療計画を立て、専門書を読み、患者の容体が悪い時はナースステーションのベッドで仮眠しました。午前1時ごろまで働くことも、ざらでした。

大学を出たばかりの医者は何もできません。大学は医学の学問を教えても、臨床の実践は教えない。病院の先輩医師も教えてくれない。患者を何とかしたいとデータを先輩に見せて相談しても「この本を読みなさい」と、英語やドイツ語の原書を紹介するだけ。でも、後になって理解しました。答えをすぐ教えてもらったら、それしか覚えない。本を調べると、背景にある膨大な知識も得られるのです。

1年が過ぎ、2年目からは小樽市の勤医協小樽診療所に移りました。1年目は先輩医師の下で研修。2年目はさまざまな患者を実践的に診る方針でした。

念願の医師になり、札幌と小樽で勤務した最初の2年間で、この仕事の重みを痛感し、僕の一生を決めた三つの忘れられない出来事がありました。

つらくても
今日を笑顔で
過ごしたら
明日はきっと
良い日になるよ

けん三

屈折した心で
生きていた日々でしたが、
それでも前向きに生きていけたのは、
こんな思いが
心底にあったからかもしれません

医療の重み

寄り添う心　患者に学ぶ

医師免許を得て、勤医協札幌病院で初当直の時でした。入院していた50代後半の男性患者が「頭が痛い」と看護師を通じて訴えてきました。急性前骨髄球性白血病という重い病の方です。それなのに、僕は形ばかりの診察をして、風邪薬を処方して病室を離れました。

2時間後、その患者さんは亡くなりました。直接の死因は小脳出血。正しく診断できても、命は救えない状態でした。

でも悔いが残るのは、大部屋病室で家族にみとられることもなく死なせたことです。危機を察知できれば、家族を呼び、個室に移すこともできた。医師免許を得て有頂天だった自分を恥じました。いいかげんな診療は許されない。医師の第一歩で思い知らされました。

別の当直の日、50～60代の独居女性から「おなかが痛い」と連絡が入りました。自宅を往診すると、室内で目に入ったのは、散乱した酒瓶。痩せ細っていて、ただ事ではない。3人部屋に入院させました。

診察時は患者の目を直視する

その病室には60～70代の太った女性が意識のない「植物状態」と言われ、8年も入院していました。何の反応もなく、チューブで栄養を受けていました。

隣のベッドに腹痛の女性を入れましたが、重篤です。家族を呼び、病状を説明しました。すると、それまで意識のなかったはずの女性が呼吸を荒らげたのです。家族が「お姉さんだ」と気付きました。体形も名字も違うので分かりませんでしたが、2人は姉妹でした。

後から来た妹は入院して1日

か2日で亡くなりました。「ご臨終です」と告げると、寝たきりの隣のベッドの姉が大粒の涙を流したのです。姉は妹が死んだ翌日から発熱して容体が悪化。妹の死から35日目に亡くなりました。解剖診断で妹の死因は急性膵壊死《すいえし》。姉は胆のうが溶けていました。妹を亡くしたストレスが原因でしょう。

「植物状態」なんて、とんでもない。意識が低下した患者も感情があることを学びました。

勤医協小樽診療所では、末期の胃がんで入院している60～70代の女性がいました。宗教上の理由で輸血を拒まれたため手術を断念。でも、激痛のため泣き叫びます。鎮痛剤のモルヒネを3時間に1本注射しました。

強い信仰を持って道を選んだはずなのに、なぜ麻薬のモルヒネを求めるのか。僕も悩んだ末、聖書の言葉「狭き門より入れ（天国に通じる道は厳しい）」を引用し、「せっかく選んだ狭い道を最後まで歩みませんか」と語りかけました。

「分かりました」と女性は笑顔に変わり、以後、モルヒネを求めませんでした。その後、3週間を生き、亡くなる3日前に「ありがとうございました」と言って、ゆっくり眠りに入り、安らかな顔で旅立ちました。

痛みは孤独がもたらしていたのです。可能な限り寄り添う。末期がん患者に接する心を学びました。

再び長崎へ

離島で地域医療に目覚める

医師2年目で小樽にいた1975年12月、長崎の義父が亡くなりました。妹らは東京に出ており、長崎の離島で教師だった姉から「母が心配だから近くにいて」と頼まれました。76年、九州に帰ることにしました。

義父の次男が長崎県職員で、衛生部門の仕事をしていました。「離島医療は医師不足で危機的だ」と言い、長崎県大村市の国立長崎中央病院（現国立病院機構長崎医療センター）での勤務を勧められました。離島医療の拠点病院です。島の病院に半年勤めると、あとの半年は国立病院で自由に研修できる制度が始まり、その話に乗りました。

国立長崎中央病院は学閥もなく、何でも気軽に話せる雰囲気がありました。学びたい分野があれば専門医が教えてくれました。手術にも立ち会いたいと頼むと「手伝いながら見ていなさい」と許可されました。

勤務した離島は生月島《いきつきしま》（旧生月町、現平戸市）と五島《ごとう》列島・中通島《なかどおりじま》の旧上五島町（現新上五島町）の2カ所。一人で何でも診る地域医療にはまりました。

当時はドクターヘリこそありませんでしたが、自衛隊ヘリが必要に応じて島の患者を国立病院へ運んでおり、私も同乗したことがあります。国立病院勤務の頃、離島に住む悪性絨毛《じゅうもう》上皮腫の女性を自衛隊ヘリで迎えに行きました。子宮の胎盤を構成する絨毛細胞ががんになり、肺に転移しやすい。「重症の肺炎だ」と島の医師は言います。ヘリ離陸後1分もたたず、患者は呼吸停止。気圧の変化に肺がもたなかったのでしょう。家族が手を振って見送ったのに……。国立病院に運んでから死亡確認をしました。

島の勤務でも悲しい思いをしました。「おなかの赤ちゃん、動かなくなった」。妊婦さんが夜、病院に駆け込んできました。聴診器で聴くと、胎児心音が聞こえない。「だめかもしれない」と告げましたが、お母さんは納得しない。「本土の病院へ連れてって」。フェリーの最終便は出た後です。漁船を借りるしかない。でも、女性を乗せるのを嫌がる漁師ばかり。かけ合って頼み倒し、やっと漁船1隻を借り、出港しましたが、港の明かりが見え

長崎県平戸市の生月島（旧生月町）。現在は生月大橋で平戸島と結ばれている（平戸市提供）

る船上で、死産の赤ちゃんを取り上げました。

島に助産師はいましたが、医師の支援が必要なお産もあり、一緒に赤ちゃんを200人ぐらい取り上げました。

「島医者」として何でもやりました。

国立長崎中央病院と島の病院勤務を半年ごと2回繰り返し、78年から5年間は生月島の長崎県離島医療圏組合生月病院に内科医として勤めました。国立病院が拠点となって島の医療を支援してくれて理想的でした。

ところが毎晩、北海道の夢を見るのです。草原や雪原、札幌の街――。長崎で臨床医療の学びたいことも学べた。北海道へ戻りたい。思いは募りました。

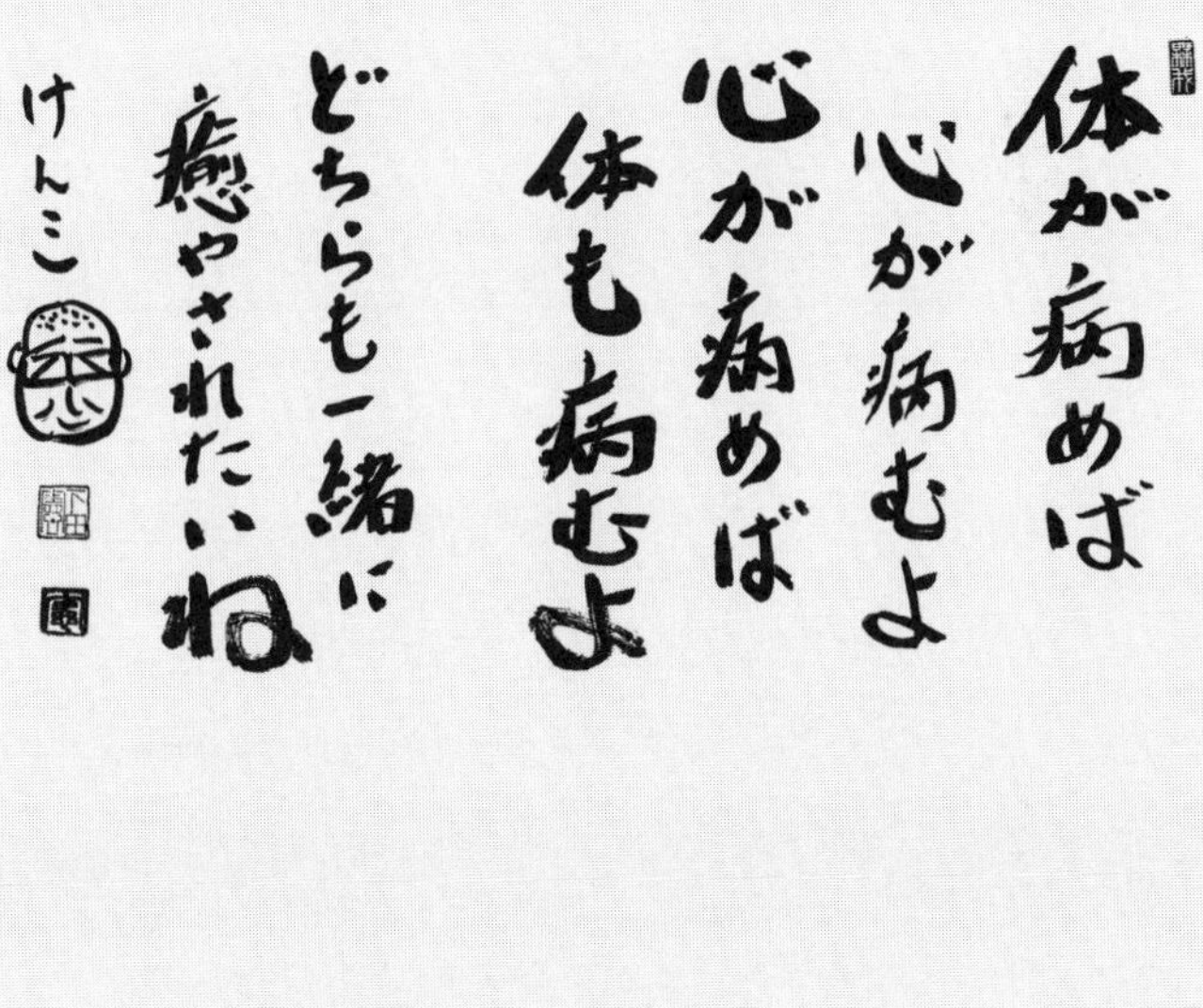
体が病めば
心が病むよ
心が病めば
体も病むよ
どちらも一緒に
癒やされたいね
けんこ

体だけを治すのではなく、
また心だけを治すのでもなく、
医師は心も体も
同時に癒す事を求められるのだと
思い知らされました。

山部の病院

往診して在宅医療に力

長崎の離島では集落を保健師と巡回し、住民の健康調査や講話を担いました。大きな病院より、手作り感のある、きめ細かい医療がいいなと思いました。

いずれ北海道へ戻り、ニセコ付近で地域医療に取り組もうと考えていました。すると娘が「お父ちゃん、(富良野市の)山部《やまべ》に来るといいよ。おばあちゃんのところ、医者がいなくて困っているって」と言うのです。

当時の妻は、僕の母との折り合いの悪さと僕の未熟さ故に、子どもを連れて先に北海道へ引きあげ、その後、離婚しました。娘が僕に会いに長崎へ来た時、富良野市山部地区での病院勤務を勧めたのです。山部には元妻の実家がありました。

1983年、北海道厚生連が運営していた山部厚生病院に勤めることにしました。山部出身の当時の富良野市長、滝口国一郎さん(2015年死去)が僕を招請し、元妻の両親も医師としての僕を信頼して「ぜひ来てほしい」と言ってくれました。

着任前の病院は非常勤の医師が月替わりに派遣され、外来患者は1日8人ぐらい。入院ベッド32床に18人が入院していましたが、5、6年いる人がほとんどでした。

心臓疾患と高血圧を理由に入院していた80代の女性がいました。診察すると心臓も血圧も悪くない。「もう大丈夫だよ」と退院させました。病気だと信じていた女性は喜んで帰りました。暑い夏でした。気温33度の中、富良野市東山地区のバス停でその女性は倒れ、救急車で運ばれてきました。脳卒中で意識は戻らず、亡くなりました。

女性は入院中に世話になった人、お見舞いに来た人にお礼を言うため、何時間も訪ね歩いていたのです。バスは1日数便しか運行しません。道内の農村過疎地は長崎の狭い離島と違う。交通弱者には大変な地域だと思い

山部厚生病院から南富良野町幾寅へ訪問診療して患者と語らう（1992年）

知りました。地域の実情を知らず、地域に根ざした医療はできないと教えられました。

交通の不便な地域なら、僕が患者の家を訪ねれば何かが見えるかもしれないと、外来、入院を問わず、患者の家庭訪問を始めました。血圧計などを持ち「顔を見に来たよ」と言って。

「懐かしいのう。先生」。年老いた男性が僕の訪問を喜んでくれました。「わしゃ、ここで八十何年暮らすが、医者が家を訪ねてくれたのは初めてだ。いやぁ、懐かしい」。数日前に診察室で会っているのに、思いがけなく出会ったうれしさを表現しているようでした。人と人との距離を縮める言葉です。

家庭訪問を続けて親近感が伝わったのか、往診依頼が増えました。訪問診療の患者は最終的には１２０人に達し、毎日10人は往診しました。病院経営は１年目で黒字に転換し、医師は私を含め３人になりました。結局、山部には13年いました。その後、病院は医院に縮小され、05年に廃院となってしまいました。

幾寅へ

「福祉のまち」に感動　後任に

富良野市山部で忘れられない患者さんがいました。乳がんで旭川の病院に入院していた30代前半のお母さんです。僕が訪問診療をしていると知って退院し、山部の自宅で過ごしていました。クリスチャンで、6歳を頭に3人の娘さんがいました。がんは肺、頸椎《けいつい》、脳に転移。死を悟り家族との時間を大切にするため帰宅したと思っていました。

ところが、往診したある日、「先生、どうしよう。私、死んじゃうんだわ」と悲痛な表情で言うのです。それまで死ぬと思っていなかったのです。彼女の胸中は自らの命より、幼子たちの行く末を案じる思いでいっぱいだったのでしょう。

なのに僕は「あなたの神様に聞いてごらん」と答えたのです。必死の問いかけから逃げてしまった。数時間後、彼女は亡くなりました。なぜ「大丈夫だよ。子どもたちのことは神様が守ってくださるからね」と答えてあげられなかったのか。命のぎりぎりを支えきる覚悟が足りなかったと、今も切なく思い出します。

1995年10月、隣町の上川管内南富良野町の中心部である幾寅地区で、内科・小児科の医院を約40年開いていた医師池野量《りょう》さんから、「俺、来週で辞めるから、あと頼むね」と電話が突然ありました。

驚きましたが、次の医師が決まるまで、毎週土曜日の週1回、山部から出張診療しました。町は全力で後任を探しました。道外から13人の医師が見に来ましたが、志のある人でも雪に閉ざされた冬の光景に二の足を踏み、断ってきました。

かつて勤めた移転前の南富良野町幾寅診療所（同町提供）

山部の病院には南富良野から約80人が通院していました。これは、そこに行きなさいという天の声ではないか。無医地区となった幾寅へ行こうと決めました。
当時の楯《たて》大亮《だいりょう》町長（2009年死去）

は「新しい診療所を造るから」と言ってくれました。診療所の建物と医療機器は町が用意し、経営は自力で賄う「委託開業」方式です。1996年、南富良野町幾寅診療所で働き始めました。胃内視鏡や超音波診断装置はすぐに導入。コンピューター断層撮影装置（CT）などは新診療所に設置予定となりました。

南富良野町は「福祉のまち」を掲げ、社会福祉関係の複数の施設が幾寅市街地の中心部にあります。

多くの市町村では障がい者施設は隔離された郊外にあったりするのに、障がいのある人がまちなかで普通に暮らしている。すごいと感動しました。この町に来た理由の一つです。

言霊を詩に

患者との共鳴　墨書で表現

南富良野町幾寅診療所に、帯広から書家の小林翠山《すいざん》さん（2008年死去）が通っていた時のことです。突然「あんたの字を見たい。書を書け」と言うのです。1998年ごろでした。

最初は、とんでもない、と。高校の授業でいちばん嫌いだったのが書道でした。カナクギ流の下手な字です。

そのころ、はり治療を学びに年1回、中国の北京へ1週間から10日ほど集中講座を受けに行っていました。滞在中、青空市だったか店だったか覚えていませんが、名品の端渓《たんけい》のすずりを気付いたらごく自然に買っていたのです。これは書を書けということか、と思いましたね。

小林先生は「すずりと筆は洗うな。紙はざらざらの面で書くと、かすれた渇筆を生む」としか教えず、字の書き方は教えてくれません。「自分の字で書きなさい。最初は下手でも、いつか味のある字になる」と。

千字文《せんじもん》（漢字の手習い用の長い詩文）を楷書と草書で書き、般若心経も何十回と書きました。「それなりにいい字だ」と小林先生が評してくれました。

次に何を書こう。思いついたのが、患者さんと語り合う中で得た言霊《ことだま》を短い詩にして書けないかということでした。病に苦しみ、悩みを抱える患者の心と、複雑な生い立ちの自分の心が共鳴して生まれた詩を墨書で表現するのです。それを「ことば」と呼ぶことにしました。最初の「ことば」はこうでした。

空身《からみ》で歩いても
人生は充分重い
荷物を少し
下ろすと良いよ

頑張りすぎて疲れ果てて通ってくる患者さんには、こんな「ことば」をかけたくなります。

がんばって
歩き続けて
疲れたんだね
貴方《あなた》
休んだら良いよ
泣いたら良いよ
少しの間だけ

時には弱さをさらけ出してもいいと思います。

悲しみ苦しみを
一人で背負って
歩くのはよそうよ　人間って
そんなに強くなくても
良いんじゃないかなあ

けん三のことば館クリニック待合室に掲示している「ことば」

墨書した「ことば」を院内に貼ると、それを見た患者さんは「私のためのことばだ。これは私のことを言っている」と感じてくれます。生身の人間の心のぶつかり合いが「ことば」になる。僕も患者さんと語り合って感動した心を失わず保つため、詩にしたためる。そうして価値ある「ことば」になります。

詩に親しんだのは血筋かもしれません。母と実父が短歌を詠み、詩人で歌人の北原白秋（１８８５〜１９４２年）の晩年の弟子でした。白秋が発行した歌誌「多磨《たま》」

に父母の短歌が掲載されています。母は「お父さんの短歌にはかなわない」とほめていました。僕の姉と妹2人も3姉妹で歌集を出しています。僕も詩や短歌を作っていましたが、妹2人の短歌の斬新さに衝撃を受け、30歳を機に自分で見切りをつけ、やめていました。

東洋医学

生薬、はり治療の効果実感

病んだ体と心の両方を診る心療内科とともに、私が取り入れているのが東洋医学です。

医師になって初めて勤めた勤医協札幌病院に、漢方薬を調合できる薬局長がいました。先輩医師は何も教えてくれませんでしたが、薬局長は「この症状にはこの薬がいい」と親身に教えてくれて、担当する患者に安心して使えました。リハビリ担当には中国で学んだ鍼灸《しんきゅう》師もいました。医師の出発点当時から東洋医学になじんでいたのです。

国立長崎中央病院では、ある医師から乳び尿《にゅうびにょう》の患者について相談されました。尿が牛乳のように白く濁り、発熱する症状です。僕は漢方薬の猪苓《ちょれい》湯《とう》の服用を提案しました。飲ませると血尿が大量に出て、1日できれいな尿になり完治しました。

それで信頼を得て院内で漢方を教え、やがて佐世保市や長崎市の医師会でも講義することになりました。人に教えると、自分も勉強になりました。

医師は大学で西洋医学を学び、昔は多くが「漢方なんて効くの」と半信半疑でした。今はかなり認知され、何らかの漢方薬を使う医師が増えています。

西洋医学の医薬品はほとんどが化学物質。お年寄りが多種の薬を服用すると具合が悪くなるのは、体が処理しきれず、薬そのものが負担になるからです。

漢方薬は自然由来の生薬が原料。風邪薬で知られる葛根湯《かっこんとう》は7種類の生薬しか使わないので安く、さじ加減でほとんどの風邪に効きます。他にも漢方薬はアトピー性皮膚炎やアレルギー疾患、自己免疫疾患などや、大手術後の患者にも処方します。

一方、はり治療もときどき試みましたが、当初は効かなかった。効くようになったのは山部厚生病院にいたころからです。

東洋医学の基本は触診です。診察では必ず患者に触ります。その際、手のひらの真ん中にあるツボ「労宮《ろうきゅう》」から気（根源的なエネルギー）が出入りして、患者と気のやりとりをする。その結果、自然に僕の気が高まる。

漢方薬の原料となる朝鮮ニンジンなど生薬の標本が並ぶ棚

1日の診察の後には体温が上昇しています。そして、医師になって10年たったころ、突然はりが効くようになりました。

山部の病院にリウマチで指の曲がった患者さんが来院しました。レントゲン撮影すると、指の骨が変形していた。ですが、はりを指ではなく、肝《かん》（西洋医学の肝臓ではなく、気の流れを調節する五臓の一つ）の働きに効く体のツボに刺すと、指が即座に真っすぐ伸びたのです。

はり治療は無償で行い、リウマチなどの膠《こう》原病《げんびょう》、変形性脊椎症、膝《しっ》関節症などに効きます。うつ、不安神経症、ストレス性疾患など心の病気にも、緊張を和らげる効果があります。

ここが痛い、あそこがつらいと症状があるほど問題の中心はここだと見極めるのが東洋医学の神髄。病気の時は患者さんの心身すべてが自分の弱い部位を表現するものです。そこを診断します。

「夢の城」開設

患者と魂で触れ合う

患者さんと対話して生まれた詩「ことば」を書く時は「けん三《さん》」の号を記します。「けん」は僕の名の「憲」。「三」は東洋医学の思想的背景である老子の「道徳経」から採りました。

道生一　一生二　二生三　三生万物（道《タオ》は一を生《しょう》じ、一は二を生じ、二は三を生じ、三は万物を生じる）

道とは宇宙が生まれたビッグバン、無のこと。そこから一つの有機体が生まれ、陰と陽（世界を創る二つの異なる性質）に分かれた。陰と陽は新たなものを生み、新たなものはあらゆるものへと広がる――そんな意味です。三は現実世界の始まりで、東洋医学を実践する原点です。

墨書した「ことば」は増え、もう数えきれません。南富良野町幾寅診療所にベタベタ貼るのも、かっこ悪い。「ことば」の展示館があればと思いました。ちょうど診療所向かいの土地が売りに出されたので購入し、2000年に多目的ホール「けん三のことば館」を開きました。

院内に飾った「ことば」と生け花

書きためた「ことば」を展示するとともに、映画や落語、人形劇などを公演しました。町民への恩返しの気持ちを込めたのです。喫茶コーナーも設け、コーヒーなどのほか、カレーライスやラーメン、日替わり定食を提供しました。地元の人と町内の障がい者施設の知的障がいがある人が手伝ってくれました。僕の理想を具現する夢の城でした。

4年後の04年、幾寅診療所を辞め、ことば館を診療所に改装して独立開業しました。今に至る「けん三のことば館クリニック」です。変わった名称なので、よく「言語療法のクリニックですか」と尋ねられます。

院内には「ことば」と一緒に生け花を飾ります。華道嵯峨《さが》御流《ごりゅう》師範の僕が活《い》けています。

きっかけは1998年、院外薬局で働きながら僕の診療所で漢方を学んでいた帯広出身の薬剤師の女性から「お花を習っていますが、飾る場所がありません。診療所に飾っていいですか」と聞かれたことです。花は好きで、喜んでお願いしました。そして活けた花を見て感動しました。きれいな花をただ飾るのではない。生け花で精神世界を表現していると感じたのです。

札幌の華道家、南秀月先生に入門を申し出ると、２００５年７月に札幌芸術の森で開かれた「札幌薪能《たきぎのう》」の舞台で花を活けるから見に来なさいと言うのです。演目は源氏物語の「夕顔」が題材の「半蔀《はじとみ》」。夕顔の霊を等身大の生け花で表現されたのですが、衝撃を受けました。花が演者に負けずに舞っているかのようです。弟子入りし、08年に師範免状をいただきました。

造花を見ても感動しない。生きた花だから心が動く。僕も、生の花を活け、患者さんの生の心の「ことば」を書く。脈を取り、心から目を離さずに語りかけながら生身の人間として、患者さんと魂で触れ合う医者でありたいのです。

赤ひげ大賞

悲しみや喜び　患者と共に

気付いたら40年近く離島や農村の過疎地で勤めていました。「山医者」としての生涯を、この南富良野町幾寅でうずめようと覚悟を決めたころでした。２０１４年、地域医療に尽くした医師に日本医師会などが贈る「赤ひげ大賞」に選ばれました。

驚きました。分不相応なので一度は辞退を申し出ました。ですが、患者さんと向き合い、語り合って「ことば」をいただき、互いに心を癒やし合う僕の医療を発信することに役立つかと、賞を受けることにしました。

道内の小さな町や村で医師が定着しないのは単に過疎地だからではありません。医師が地域医療を志して赴いても、何年かたつと、来る患者はいつも同じ。聴診器を当てなくても体調が分かり、急患も出なくなる。良いことですが、一生懸命やる意欲を失いがちになるのです。

自治体も医師不足の時は医療施策を重視するが、医師が定着すると安心して産業振興など他の施策に関心を向け、医師に医療問題を丸投げする場合も見受けられます。緊張感を保つため、市町村が協定を結び、医師の任期を決めてローテーション配置する仕組みがあってもいい。

なぜ人は医療にかかるのでしょうか。病気を治してほしいからだけではなく、病気が人生を損なうのではないかという不安があるからです。子どもは発熱や腹痛でも自分の意思では通院しない。親が子どもに何かあっては大変と不安に感じるから、医師に診てもらうのです。この場合、子どもだけを治療しても答えにならない。親の心もほぐさなくてはいけないのです。

今まで常に納得できる医療を提供できたかと問われると、どうでしょう。僕なりの最大限のことを尽くしても、反発されることはあるし、不満をもつ人もいた。どれだけ患者の気持ちに応えられたか。病気がよくなるとうれしい。よくならない人も当然いるが、人生に満足して過ごしてくれたら、それでいい。

もっとも、治るのは医師の力ではなく患者本人の自然治癒力。治らないのは医師の責任かもしれない。命を救えなかった患者には自分の限界を感じます。

家族ですが、富良野市山部の病院勤務のころに再婚しましたが、その後また離婚。再々婚した29歳年下の妻と今は二人暮らしです。でも、彼女との出会いによって、僕は子どものころの虐待の呪縛《じゅばく》から解き放たれ、その結果、患者さんと悲しみ、苦しみを共有して歩む今の僕がいるのです。

夏は自転車、冬はスキーを楽しみ、元気を養っています。アコーディオンの生演奏で老人ホームを慰問に訪れてもいます。音楽も、生け花も、「ことば」も、デジタルの世界とは違う生のものを大切にして得られる深い喜びの世界です。それを示しながら医師を全うしますね。

歌声喫茶のアルバイトで演奏したアコーディオンは今も、趣味で続けています

平凡が良いな
抜きん出た
人生を求めて
しかめっつらで
歩くより
にこにこ顔での
平凡が良いな

けんじ

この地を、
与えられた場所と思い定めています。
注目されることも抜きん出ることも
望んではいないのです。
ただ、訪れる人々と日々をにこにこ
顔で過ごして行けたら、
それで良いのではと
思うのです。

北海道新聞「私のなかの歴史」
2018年2月19日〜3月8日付夕刊掲載
聞き手・佐々木学（北海道新聞記者）

あとがき

山医者として生涯を全うしたいものだ、と願っている私がいます。医者になってからの歩みが、札幌市、小樽市、長崎県大村市、長崎県生月町、富良野市山部地区、南富良野町幾寅地区と、転任の都度、次第により小さな町へと導かれてきました。そして今、この地で確かに生かされている、己を感じています。

他からどう　思われたって　良いじゃない
精一杯　愛を尽くせる　自分がいれば

「ことば」にすれば、こんな単純なものになってしまいますが、本書で伝えたかった思いの核をなすものです。

幼少期からの様々な経験を越えてたどり着いた、私なりの歓びの世界でもあります。しかしもちろん、自力だけで到達できたはずはありません。

ほんとうにたくさんの人が私を育て、導いてくださったからなのですね。本書では、私のつくってきた罪の、ほんの一部分しか記していないのですから、そんな人間を見限らず寄り添ってくださった、すべての人々に感謝です。

そしてまた、患者さんをはじめとした、多くの人たちとの触れ合いのなかで与えられてきた、「ことば」の力にも大きなものがありました。一人一人から深い心をいただき、それを種として「ことば」に育てたものですから、それを目にする患者さんたちはもちろん、誰よりも私自身が癒されてきたのです。

物の豊かさが　時に人生を　つまらなくする
心の豊かさは　いつも人生を　すばらしくする

そして、山に住む者だからこそ、大自然やそこで出会う人たちと共に、豊かさを自ら生み出す喜びもあります。でも皆さんに、過疎地暮らしをぜひともと、すすめている訳ではありません。

ただ、有り余る物に心を奪われてしまわず、生きていってほしいと願うのです。いつなくなってしまうか分からない「物」よりも、誰からも奪われることのない「心」を意識しながら歩いてくださいね。そして、

逆風の　中で根っこを　深くして
順風に　会う時すてきな　花を咲かそう

悲しみや苦しみや困難こそ、人生の根っこを深く強くしてくれることを信じ、あなたに寄り添ってくれる人が必ずいることを忘れずに歩いていけば、いつかあなたらしいすてきな花を咲かせることができます。

この書を手に取り、そして読了してくださったあなたには、必ずその力があるに違いありませんから……。

けん三

けん三《さん》（下田 憲・しもだ けん）

けん三のことば館クリニック院長。
1947 年埼玉県生まれ。長崎県佐世保に育ち、高校卒業後、西日本を放浪。
74 年北海道大学医学部卒業。札幌の病院や小樽の診療所で研修、国立長崎中央病院（現長崎医療センター、長崎県大村市）や離島の公立病院勤務を経て、83 年に北海道に戻り山部厚生病院（富良野市、2005 年廃院）院長、96 年に南富良野町に移り町立幾寅診療所で委託開業。98 年、書家の小林翠山氏に師事、「ことば（詩）」を墨書で表現し始める。2000 年、同町に常設展示館「けん三のことば館」を開設し、04 年「けん三のことば館クリニック」として独立した。自ら活けた生花とともに「ことば」を院内に展示している。
患者との対話から紡ぎ出す「ことば」を治療に生かす活動で知られ、2014 年、日本医師会などが地域医療で活躍する医師をたたえる「赤ひげ大賞」を受賞。

「ことば」を掲示しながら、それにまつわる話とアコーディオン演奏を交えた講演会も多数。

1979 年より日本東洋医学会会員、東洋医学専門医。北海道地域医療研究会、日本心療内科学会、日本プライマリケア学会他の会員。著書多数。

＊第1部「こころのことば」は、2016～2018年に行われた講演会の内容と北海道医療新聞掲載コラムを大幅に加筆・修正し、新たに書き下ろしたものを加えて構成しています。
第2部「私のなかの歴史　ことばで癒やす」は、北海道新聞夕刊の連載（2018年2月19日～3月8日）に一部「ことば（詩）」を加えて転載したものです

カバーデザイン　佐々木正男（佐々木デザイン事務所）
本文デザイン・DTP　株式会社アイワード
協力　下田美緒、佐々木学（北海道新聞社）
編集　横山百香（北海道新聞社）

泣いて笑って、生きていく　こころのことば

2019年10月26日　初版第1刷発行

著　者　けん三《さん》（下田《しもだ》 憲《けん》）

発行者　五十嵐正剛
発行所　北海道新聞社
〒060-8711　札幌市中央区大通西3丁目6
出版センター　（編集）TEL　011-210-5742
（営業）TEL　011-210-5744
印刷・製本　株式会社アイワード

落丁・乱丁本は出版センター（営業）にご連絡下さい。お取り換えいたします。
ISBN978-4-89453-960-0

©KENSAN 2019, Printed in Japan